Gestão Estratégica por meio de Projetos e Agilidade

Carlos Augusto Freitas

Gestão Estratégica por meio de Projetos e Agilidade

BRASPORT

Rio de Janeiro
2024

Editor: Sergio Martins de Oliveira e Antonio Muniz
Gerente de Produção Editorial: Marina dos Anjos Martins de Oliveira
Editoração Eletrônica: Abreu's System
Capa: Use Design. Esta capa utiliza elementos do Vecteezy.com.

Dados Internacionais de Catalogação na Publicação (CIP)
(Câmara Brasileira do Livro, SP, Brasil)

Freitas, Carlos Augusto
Gestão estratégica por meio de projetos e agilidade / Carlos Augusto Freitas. – 1. ed. – Rio de Janeiro : Brasport Livros e Multimídia, 2024.

Bibliografia.
ISBN 978-65-6096-012-1

1. Gerenciamento de projetos 2. Gestão de negócios 3. Governança corporativa 4. Planejamento estratégico I. Título.

24-197708 CDD-658.4

Índices para catálogo sistemático:

1. Governança corporativa : Administração de empresas 658.4

Aline Graziele Benitez – Bibliotecária – CRB-1/3129

BRASPORT Livros e Multimídia Ltda.
Rua Washington Luís, 9, sobreloja – Centro
20230-900 Rio de Janeiro-RJ
Tel./Fax: (21)2568.1415
e-mails: marketing@brasport.com.br
vendas@brasport.com.br
editorial@brasport.com.br
www.brasport.com.br

Agradecimentos

A Deus, por permitir mais esta oportunidade que irá contribuir para o desenvolvimento profissional de pessoas.

À editora Brasport, especialmente ao Sérgio, pela confiança. À Marina, pela paciência e dedicação na produção do livro.

Aos meus mentores no PMI®: Lélio Varella, Ângelo Valle, Walther Krause, Ana Baumotte, Elisabeth Borges, André Voltolini, Mauro Sotille, Ivo Michalick, Paul Dinsmore (*in memoriam*), Wagner Maxsen e Ricardo Vargas. Sou muito grato por toda a orientação e incentivo.

Aos meus amigos do PMI®: Emerson Khul, Carla Krieger, Thiago Regal, Nathalia Tatagiba, Gino Terentim, Flavio Luiz, Clebiano Nogueira, Juliano Reis, Ruan Almeida, José Alves, Vitor Kurahayashi, Flávio Luiz, Thiago Ayres, Raquel Ximenes, João Gama, Alex Urbano, Ana Cristina Lima, Matheus Rocha e Nikolai Dimitri (*in memoriam*).

Aos amigos do PMI® GOC: Hellen Almeida, Nathalia Tavares, Diana Victor e Brantllee Underhill.

Aos meus amigos de profissão: (**XEROX**) Gilmar Uchoa, Flavio Pitombo, Wladimir Lucas, Ricardo Lagoa, Gabriel Aguiar, Amauri Nascimento, Denise Paúra, Wagner Jorcelino, Sandra Bensusan, Ana Cristina Fernandes (*in memoriam*), (**GOLDEN CROSS**) Francisco Camara, Alan Motta, Eliandra

Motta, Viviane Lopes, Eduardo Castello, Sérgio Santos, André Rodrigues, José Carlos Correia, Flávio Brígido, (**ACCENTURE**) Verônica Araújo, Manuel Rodrigues, Marcos Bellé, Matheus Rodrigues, Claudio Adonai, (**CONDOR**) Marcos Corel, Isaura Carvalho, Carlos Afonso, Renan Mello, Christina Aguiar, (**INCA**) Luciano Souza, Leandro Goulart, Flavia Mendes, Guilherme Costa, Bruno Pegado, Dra. Danielli Muniz, Pamela Lopes, (**GRUPO JPM**) Marcio Gelelete e João Paulo Fernandes. O que eu aprendi com vocês foi fundamental para meu crescimento profissional e para esta oportunidade.

A Nicole Can, Jefferson Nascimento e Raul Queiróz. Obrigado pelo apoio em meus projetos.

À minha esposa Renata Hora, pelo incentivo e apoio de sempre em todos os momentos. Muito obrigado!

À minha filha Maria Rita Freitas. Amamos muito você!

Às minhas lindas sobrinhas Isadora e Júlia e à minha afilhada Sophia de Pierre.

Por fim, aos meus pais, que são minhas principais referências, José Carlos e Maria Francisca, ao meu irmão Carlos Alexandre, demais familiares e grandes amigos (Alex de Pierre, Gustavo e Cristiano Gomes, Luiz Felipe e Carlos Eduardo Reis, Leandro Pereira, Marcos José, Alessandro Gomes, Marcus Amorim, Fábio Moraes, Andreia Cony, Elaine e Lilian Moura, Amanda Pinheiro, Márcia Ferreira, Humberto Junior, Marcio Cabidolusso e... às demais pessoas que me apoiam) pelo incentivo de sempre. Obrigado.

Sobre o Autor

Carlos Augusto Freitas

Empresário, Mestre em Sistemas de Gestão. Especialista em Gerenciamento de Projetos e Estratégia, Professor, Autor e Palestrante.

Especialista em gerenciamento de projetos, certificado como CAPM®, PMP®, DASSM®, DAC®, CDP®, AH-MC®, AM-MC® pelo PMI®, ITIL® e *PRINCE2® Practitioner* pelo OGC (UK) e *SAFe® 6 Agilist* pela Scaled Agile. Formação superior em Gerência de Comunicação de Dados e em Tecnologia de Sistemas e Redes de Computadores, com cursos em Redes de Telecomunicações e Gestão de Projetos de Software (PUC-Rio), Gerência de Projetos com CMMI e Modelagem de Processos de Negócios (Uni-Rio), Docência em EaD, BSC e Comunicação em Apresentações Executivas pela Fundação Getúlio Vargas. Pós-graduado em Docência do Ensino Superior em Ambientes Tecnológicos (INFNET-RJ). Mestre em Sistemas de Gestão pela UFF (Rio de Janeiro).

Trabalhou em empresas como XEROX do Brasil, Golden Cross e Accenture, passando por diversos cargos nas áreas de serviços, sistemas e escritório de projetos. Na XEROX, foi responsável pela implantação e projetos de Serviços e Soluções XEROX Global Services em empresas como ESPM, Rede Globo, Bradesco Seguros, Vale, Coca-Cola, SulAmérica, AMPLA, PUC-Rio e Golden Cross, com investimentos superiores a US$ 9.000.000. Na Golden Cross atuou como líder de projetos na área de TI no segmento Saúde Hospitalar, sendo responsável pela gestão de projetos de atualização e inovação tecnológica (Infra, *Data Center* e Telecomunicações) e implantação de soluções e sistemas com investimentos superiores a US$ 7.000.000.

Implantou mais de 15 escritórios de projetos (PMOs) em áreas como *Oil & Gas*, Logística, TI, Telecomunicações, Engenharia e Indústria Química, aplicando gestão estratégica e suporte à governança de organizações através de práticas de projetos, programas e portfólio, sendo também responsável por projetos de reestruturação de PMOs, gestão de programas e treinamento de mais de dois mil profissionais em gerenciamento de projetos, através de *workshops*, suporte metodológico e aplicação do método ágil *Scrum*.

Mais de 15 anos de experiência em educação e treinamento em gerenciamento de projetos. Professor de graduação e MBAs de instituições como FGV, IBMEC, INFNET, ESPM e HSM.

Na Fundação Getúlio Vargas é professor convidado, desde 2008, da Rede *Management* (MGM) nos MBAs de Gestão Empresarial e Gestão de Projetos. No FGV Online é responsável por turmas de gerenciamento de projetos livres e *in-company* e professor tutor titular do MBA Internacional em parceria com a UCI (Universidade da Califórnia). Participou em banca de professores na apresentação de TCCs do MBA de Gestão de Projetos à distância e da Rede MGM, ministrando aula para mais de 30.000 alunos nos últimos 15 anos.

No INFNET foi responsável por disciplinas de gestão de projetos em turmas de graduação e pós-graduação, preparando todos os alunos de graduação para o exame CAPM®.

No IBMEC foi responsável pela disciplina PMO, Portfólio e Maturidade em Projetos em cursos *in-company* e MBA de Gestão de Projetos.

Membro da comissão brasileira, através da Associação Brasileira de Normas Técnicas (ABNT), na elaboração da norma internacional ISO 21500 – Gestão de Projetos.

No PMI® foi revisor e participante da atualização do *PMBOK® Guide* 5ª, 6ª e 7ª edição (lançada em setembro de 2021) e do Padrão de Programas 3ª edição. "Subject Matter Expert" do PMI® na credencial CAPM®.

No PMI® *Chapter* Rio de Janeiro atua como voluntário desde 2006, sendo responsável pelos projetos 4ª PMI REP, PM Case Day, Palestras PMI® em universidades, Capacitação em Ferramentas de GP e como coordenador das primeiras turmas preparatórias para o exame de certificação CAPM® no Rio de Janeiro, sendo instrutor e palestrante. Palestrante dos principais eventos de gerenciamento de projetos no Brasil, como: 5º Congresso Nacional de GP (PMI-DF), 6º Congresso Nacional de GP (PMI-CE), 7º Congresso Nacional de GP (PMI-RIO) e 8º Congresso Nacional de GP (PMI-GO). Em 2008, criou o grupo Certificação CAPM® – Brasil, que atualmente conta com mais de dois mil profissionais participantes de todo o Brasil. Em 2009 recebeu o prêmio "2009 PMI Rio Volunteer award", sendo eleito Vice-Presidente de Desenvolvimento de Projetos do PMI Rio (2010-2011), Vice-Presidente Executivo PMI Rio (2012-2014) e Presidente PMI Rio (2015-2017).

Em 2012 fundou a CAF – Facilities Management (CAFFM®), uma empresa com foco em gestão estratégica. Nos últimos anos a empresa implementou um modelo de negócio baseado em desenho (*Strategy Design*) e implementação estratégica (*Strategic Implementation*), passando por todas as etapas previstas desde a tomada de decisão até a medição de resultados. A empresa possui clientes nos segmentos de tecnologia da informação, saúde, serviços, alimentação, financeiro, turismo e *startups*.

Em 2015 foi eleito um dos *Top* 125 influentes em *Project Management* do mundo em pesquisa feita pela Grey Campus (USA).

Em 2016 foi eleito um dos *Top* 123 influentes in *Project Management* do Mundo pela pesquisa feita pela TIMECAMP (USA)

Em 2018 lançou em parceria com Ricardo Vargas o *workshop* PMFits®, totalmente inovador e com foco em gestão de programas e benefícios (https://ricardo-vargas.com/workshops/pmfits/).

Em 2020 recebeu a premiação "Emeritus Board 2020" pelo PMI® do Rio de Janeiro.

Em 2021 recebeu a premiação de Artigo do Ano (*Desempenhos em Projetos: O que nos ensinam os megaeventos?*) pelo PMI® do Rio de Janeiro.

Em 2022, em parceria com Ricardo Vargas, elaborou o *workshop* Uncertainty Cycle®, com foco em gestão da incerteza (https://ricardo-vargas.com/pt/workshops/uncertanty-cycle/), e lançou o #CAST EMPREEENDEDORISMO COMO VENCER A BATALHA em seu canal do YouTube @cgutofreitas.

Participa via ABNT do desenvolvimento das normas internacionais ISO 21500, 21503, 21505 e 21508.

Revisor mundial dos padrões do PMI®:

- *PMBOK® Guide* – 7ª edição (2021).
- *PMBOK® Guide* – 6ª edição (2017).
- Participou do comitê de tradução do *PMBOK® Guide* 5ª edição para o português (2014).
- Gerenciamento de Programa – 3ª edição (2013).

Nos últimos anos, implementou diversos projetos de gestão estratégica em segmentos de tecnologia, engenharia, parques tecnológicos, turismo, saúde e energia.

Prefácio

No dinâmico mundo dos projetos, onde a transformação digital e a inovação tecnológica estão em constante evolução, a introdução da inteligência artificial (IA) tem reformulado não apenas como conduzimos nossos projetos, mas também como definimos suas estratégias. Desde o início da minha jornada em gerenciamento de projetos, testemunhei uma revolução na forma como abordamos os desafios e buscamos soluções. Se antes a tríade escopo, tempo e custo dominava o cenário, hoje a flexibilidade estratégica e a inovação, especialmente através da IA, assumiram a dianteira. A questão fundamental se transformou: estamos não só realizando os projetos de maneira eficiente, mas também investindo na inteligência e na tecnologia certas para impulsionar os resultados estratégicos?

Nesse contexto, o livro de Carlos Augusto surge como um farol de conhecimento, guiando-nos através da complexidade de alinhar estratégias ágeis com as capacidades revolucionárias de ferramentas contemporâneas como a inteligência artificial aplicada em projetos estratégicos. Estou certo de que será uma leitura indispensável para executivos, profissionais de diversos setores e gerentes de projetos modernos, oferecendo insights valiosos que elevarão nossos projetos a novas alturas de sucesso estratégico.

Ricardo Viana Vargas, Ph.D.
https://ricardo-vargas.com/

Sobre o Livro

Este livro tem a proposta de apoiar o leitor no desenvolvimento de práticas de gestão estratégica por meio de projetos (programas e portfólio) e agilidade alinhada ao negócio, considerando temas fundamentais para esta visão, como estratégia, governança corporativa, governança em projetos, escritório de projetos (PMO), operações e agilidade organizacional (dentre outros) utilizando uma linguagem simples e objetiva. A construção deste modelo apoia diretamente as organizações a conseguirem os desejados "melhores resultados para o negócio". A agilidade faz parte, principalmente, do pensamento em busca de uma cultura conectada com o mundo moderno.

Dessa forma, o livro está dividido em quatro capítulos:

Capítulo 1 – Conceitos e Definições
Apresenta os principais conceitos e definições de temas envolvidos na gestão estratégica por meio de projetos e agilidade.

Capítulo 2 – Visão sobre Projetos e Agilidade
Apresenta a definição e a estrutura prevista para as práticas de projetos (programas e portfólio) e agilidade, bem como o alinhamento e a aplicação do *mindset* ágil entre esses níveis.

Capítulo 3 – Práticas para a Gestão Estratégica
Apresenta algumas das principais habilidades interpessoais e técnicas importantes para um profissional que atue em projetos de qualquer área ou segmento.

Capítulo 4 – Inicie sua Jornada
Apresenta tópicos importantes para a cultura da gestão estratégica.

Sumário

Introdução

Em qualquer tipo de negócio (independentemente do tamanho ou do segmento/setor de atuação, com ou sem fins lucrativos) existe uma real necessidade de revisão e atualização constante do gerenciamento estratégico organizacional. Este modelo deverá apoiar a organização, que necessita de práticas de gestão e mentalidade ágil para continuar "respirando" e "operando" em direção ao crescimento, ou seja, lidando com o mundo cada vez mais dinâmico e incerto em que vivemos.

Existem casos de empresas com ascensão imediata que, se bem geridas, atingem o sucesso. Da mesma forma, grandes empresas simplesmente "quebram" da noite para o dia simplesmente por não conseguirem se alinhar com o atual cenário, que requer, porém não se limita a:

- Inovação.
- Agilidade.
- Capacidade de adaptação das mudanças.
- Aculturação.
- (Re)definição de produtos e serviços.
- Práticas de projetos, programas e portfólio.
- Visão estratégica.
- Adaptabilidade
- Etc.

Uma das coisas mais importantes que consegui entender ao longo da minha experiência é que os desafios são iguais para todas as organizações, sejam elas de pequeno, médio ou grande porte. O que as diferencia umas das outras é apenas a quantidade de esforço e recursos necessários para aplicação de práticas de gestão usando os conceitos de estratégia, projetos, agilidade, marketing digital, inovação, estudo de mercado, governança, ESG (*Environmental, Social and Governance*), dentre outros.

Um fator-chave para o sucesso é o alinhamento estratégico entre todos os níveis das empresas, partindo da alta administração para os níveis operacionais. Porém, entendo que o caminho também pode ser invertido, desde que profissionais com as devidas qualificações consigam associar suas atividades com o negócio, transformando em valor imediato os resultados atingidos e se comprometendo com a estratégia da alta administração da empresa.

De fato, quanto maior o porte da empresa, maior será o desafio.

Para exemplificar, apresentamos uma pequena empresa com faturamento de 15 milhões por ano e que possui um produto diferenciado em seu segmento de atuação. Os clientes batem na porta pedindo serviços, porém os principais acionistas não têm tempo para planejamento e para a GESTÃO ESTRATÉGICA. Esta empresa cresceu rapidamente e de forma não estruturada, o que vai requerer de seus "donos" atenção em atividades operacionais críticas que irão inibir a capacidade de desenvolver e explorar oportunidades para o negócio.

Uma vez que se tome a decisão de mudar esse cenário, a visão estratégica irá possibilitar que seus representantes legais possam ver de fato quais são as oportunidades, as ameaças, as forças e as fraquezas para que possam finalmente começar a tomar melhores decisões para o negócio em termos de retorno.

Quando falamos em tomada de decisão, ainda no exemplo da pequena empresa, podemos ter duas ações que irão trazer retorno de alto impacto para o negócio, porém, estrategicamente, seria importante simplesmente abandonar uma delas e definir o caminho que será tomado para essas oportunidades. A visão estratégica contribui significativamente para essa decisão. Observe a importância disso. É melhor dar um passo por vez, ou até mesmo voltar três passos para depois avançar cinco. Alguns dos fatores que limitam essas decisões estratégicas serão os recursos e a estrutura organizacional disponível para a empresa em suas OPERAÇÕES E INVESTIMENTOS para o crescimento através de projetos e agilidade.

Como segundo exemplo, gostaria de apresentar uma empresa do setor de turismo, impactado severamente pela pandemia vivenciada pelo mundo de 2020 a 2023, que chegou a ficar meses sem faturar. A empresa teve dois grandes desafios: (1) planejar a sobrevivência e (2) se reinventar. Nesse cenário, o que deu certo? Estarmos preparados para isso. A empresa tinha uma definição clara da sua estratégia desde 2018, sabia o que precisava fazer, quais seriam suas limitações (principalmente as financeiras) e como deveria incluir novos projeto estratégicos e priorizá-los. Ou seja, sabia reordenar suas ações em resposta à condição imposta pela pandemia. Resultado: se transformaram e conseguiram os melhores resultados em toda a história da empresa.

Agora vamos para o terceiro e último exemplo: uma grande empresa com faturamento de mais de 600 milhões por ano, mais de 15.000 funcionários, grande concorrência, oportunidades e ameaças do mercado que, pelos valores envolvidos, têm grande impacto para o negócio. A estrutura prevista para a tomada de decisão em uma organização de grande porte é muito maior, pois envolve várias partes interessadas de alto poder e influência (ex.: Conselho de Administração, Comitê Diretivo, auditorias, acionistas etc.) que deverão determinar a estratégia, ou seja, a direção do negócio através das deliberações previstas pelos rituais de gestão da governança corporativa. O primeiro ponto neste cenário é garantir o desdobramento estratégico da alta administração para os níveis operacionais. Observe a grandeza da ação. Novamente, projetos e agilidade apoiam essa necessidade de práticas eficientes, principalmente para, mas não se limitando a:

- Aprovação de investimento.
- Portfólio priorizado (carteira de investimento).
- Prestação de contas.
- Fusão com outras empresas
- Crescimento.
- Benefícios (proporcionados pelo resultado de projetos).
- Melhores resultados para o negócio.

Para uma empresa de grande porte, o esforço e o investimento para aplicação dessas práticas são muito maiores. Quantas vezes você (leitor) já ouviu "as coisas aqui são muito lentas" ou "como demoram a fazer as coisas aqui nesta empresa"? Isso é o reflexo do cenário atual que vivemos.

A capacidade de lidar, cada vez mais, com processos dinâmicos e incerteza torna-se o ponto de partida para qualquer organização que busca transformação, crescimento e melhores resultados. Simplificar a visão do que precisa ser feito torna-se um fator crítico de sucesso, ou seja, uma estratégia de fato construída para NÃO fracassar. Aí é que entra (e conecta) a visão da agilidade.

Durante a leitura deste livro, recomendo que você sempre se coloque nos papéis que serão apresentados, ora na visão de um profissional de projetos, ora em um papel funcional (como engenheiro, analista de sistemas, administrador, advogado etc.), ora na visão de um empreendedor, ora na visão do executivo. Trocar de papéis o ajudará a compreender melhor quais são as reais necessidades para o sucesso da gestão estratégica organizacional.

Ressalto que quando falo de negócios estou me referindo a qualquer organização, de pequeno ou grande porte, com ou sem fins lucrativos.

Por fim, não podemos esquecer da maior engrenagem que se encontra acima de tudo isso: AS PESSOAS! São as pessoas que irão proporcionar a transformação e a chegada do resultado. Diversidade, inclusão, capacitação, desenvolvimento e investimento no time são fatores críticos de sucesso! Simples assim!

Tenha uma EXCELENTE leitura!

Capítulo 1.
Conceitos e Definições

O decisor tem autonomia para liderar a estratégia. O time todo não vai trabalhar nas grandes decisões da estratégia pensada. É o decisor que definirá quem segue, quem sai, quais escopos do planejamento precisam mudar, entre outros pontos.

Carlos Augusto Freitas

1.1. Estratégia

É tudo aquilo que é conhecido e é preciso fazer para atingir o(s) objetivo(s). Este objetivo precisa representar a visão de crescimento, desenvolvimento e resultado de uma organização.

1.1.1. Origem do termo

Estratégia vem do grego *strategos*, que significa "general" ou "comandante". Na sua definição mais ampla, estratégia é o plano de ação ou direção escolhido para atingir um objetivo. Ela é amplamente utilizada em diversos contextos, incluindo negócios, guerra, política e esportes.

A estratégia é essencial para o sucesso em qualquer empreendimento, pois é ela que ajuda a definir as metas, os recursos necessários, os prazos e as prioridades. Sem uma estratégia clara e bem definida, é difícil saber para onde se está indo e como chegar lá, ou seja, é a compreensão clara de tudo aquilo que precisa ser feito para chegar a determinado objetivo.

Em termos de negócios, a estratégia pode ser dividida em dois tipos principais: estratégia corporativa e estratégia de negócios. A estratégia corporativa se concentra na direção geral da empresa e nas decisões de longo prazo, como aquisições, fusões e diversificação de produtos. Já a estratégia de negócios está mais relacionada com a maneira como a empresa compete em um mercado específico, incluindo decisões sobre produtos, preços, distribuição e marketing.

Independentemente do tipo de estratégia, existem algumas etapas comuns que devem ser seguidas para garantir que ela seja eficaz. Primeiramente, é necessário definir claramente os objetivos a serem alcançados. Depois, é preciso analisar os ambientes interno e externo da organização, incluindo seus pontos fortes e fracos, bem como as oportunidades e ameaças do mercado. Com base nessas informações, deve-se definir uma estratégia que permita que a empresa aproveite suas vantagens e minimize seus pontos fracos.

Além disso, é importante estabelecer métricas para aferir o progresso e garantir que a estratégia esteja sendo implementada corretamente. Essas métricas podem incluir indicadores financeiros, como receita e lucro, e indicadores de desempenho operacional, como satisfação do cliente e eficiência do processo.

Por fim, é importante lembrar que a estratégia não é estática, e sim um processo contínuo de adaptação e melhoria. À medida que as condições do mercado mudam e novas oportunidades surgem, a estratégia deve ser ajustada para garantir que a empresa esteja sempre se movendo na direção certa.

Em resumo, a estratégia é essencial para o sucesso em qualquer empreendimento, pois permite que a empresa defina seus objetivos, identifique seus pontos fortes e fracos e tome as medidas necessárias para competir com sucesso em seu mercado. Seguir as etapas corretas e estabelecer métricas é fundamental para garantir que a estratégia seja implementada corretamente e ajustada conforme necessário para atingir os objetivos a longo prazo.

1.1.2. Estratégia nas organizações

Atualmente, quando falamos sobre estratégia nas organizações, existem diversos tipos de interpretação sobre como o tema deve ser trabalhado internamente. A subjetividade dificulta a visão de como práticas devem ser estruturadas para apoiar a execução das estratégias definidas pelas partes interessadas da alta administração.

O foco deste livro é apresentar como determinadas práticas (por exemplo, projetos, programas, portfólio e/ou agilidade) podem ajudar a cumprir seus objetivos.

ESTRATÉGIA (dicionário): p. ext. Arte de aplicar com eficácia os recursos de que se dispõe ou de explorar as condições favoráveis de que porventura se desfrute, visando ao alcance de determinados objetivos.

Esta é atualmente uma das palavras mais utilizadas na vida empresarial, com o objetivo de pensar à frente e atingir alguma coisa.

De acordo com Michael Porter, uma das maiores autoridades sobre o assunto, a estratégia é a *maneira pela qual a empresa estrutura sua cadeia de valor a fim de obter vantagem competitiva.* Essa visão proporciona uma análise do mercado no qual o negócio-fim está inserido, observando quais são as oportunidades para obtenção de vantagem competitiva.

Ainda na visão de Porter, são definidas algumas características para as operações:

1. Implica em executar atividades similares **melhor** que a concorrência.
2. Refere-se a qualquer prática que resulte em **melhor uso dos recursos** da empresa para obter resultados.

Observe como o gerenciamento de projetos e a agilidade estão alinhados com essas definições. Essas características levam quem as executa à EFICÁCIA e EFICIÊNCIA.

Cada empresa, de acordo com a sua cultura, terá uma forma de executar sua operação e aplicar o gerenciamento de projetos e a agilidade. Essa variação é uma importante fonte de diferenciação de lucratividade entre concorrentes, ou seja, vantagem competitiva.

A estratégia trata de "COMO" fazer para chegar aos objetivos. Por exemplo, se o meu objetivo é me tornar o líder do meu segmento, talvez seja necessário:

- Atualizar tecnologias internas.
- Mapear processos.
- Capacitar pessoas.
- Formar parcerias.
- Investir em marketing digital.
- Definir novo modelo de comunicação com meus clientes.
- Aumentar minha participação no mercado internacional.
- Reduzir custos.
- Inovar.

Observe que mencionamos uma série de ações (minha estratégia) que deverão ser tratadas como projetos. Estes poderão estar inseridos em programas, que irão, por sua vez, disponibilizar benefícios com o uso adequado dos recursos disponíveis, levando a organização a cumprir o objetivo de "tornar-me líder no meu segmento" e atingir melhores resultados.

Veja a responsabilidade que as partes interessadas de alto poder e influência possuem ao determinar e aprovar a estratégia a ser seguida pela empresa. O uso de práticas e ferramentas para ajudar e apoiar a tomada de decisão torna-se vital para o sucesso das organizações.

E lembre-se: pode ser uma área, um departamento, um setor, uma diretoria, uma organização sem fins lucrativos, um órgão público ou até mesmo nossa vida pessoal. Sempre deverá existir pelo menos uma estratégia para sustentação, desenvolvimento e consequente crescimento.

A definição de estratégias precisa, acima de tudo, assumir a forma de um processo de aprendizado ao longo do tempo.

Para que a empresa possa efetuar, de maneira adequada, a função de controle estratégico, é necessário considerar três fases básicas.

Tabela 1. Fases de controle estratégico.

Fase 1	Estabelecimento de padrões de medida e avaliação, decorrentes dos objetivos, dos desafios, das estratégias e das políticas da empresa. Portanto, os padrões são a base para a comparação dos resultados desejados.
Fase 2	Medição dos desempenhos apresentados, ou seja, estabelecer o que medir e definir como medir a partir de critérios relacionados a quantidade, qualidade e tempo. A empresa deve procurar homogeneizar e integrar seus critérios de medição de desempenho, a fim de não prejudicar a função de controle estratégico.
Fase 3	Comparação do realizado com o esperado, visando adotar medidas corretivas e preventivas que eliminem os desvios ou que reforcem os aspectos positivos.

Uma vez definida a estratégia, elaboramos o plano de ação, que é uma ferramenta significativa no processo de desdobramento, organização e execução da estratégia.

O plano de ação (falarei sobre isso no capítulo 3) pode resultar em (mas não se limitando a):

- ➢ Estabelecimento de práticas de governança.
- ➢ Portfólio.
- ➢ Programas.
- ➢ Projetos.
- ➢ Implantação de um PMO.
- ➢ Capacitação gerencial.
- ➢ Capacitação operacional.
- ➢ Uso de ferramentas de gestão de projetos, programas e portfólio.
- ➢ Etc.

Aqui estão alguns exemplos de tópicos que podem (e devem) ser abordados em uma estratégia de negócios:

1. **Introdução à estratégia de negócios:** definições e conceitos fundamentais.
2. **Análise do ambiente externo:** análise PESTEL (Político, Econômico, Social, Tecnológico, Ambiental e Legal) e análise das cinco forças de Porter.
3. **Análise interna:** recursos e capacidades organizacionais, análise SWOT (Forças, Fraquezas, Oportunidades e Ameaças).
4. **Formulação de estratégias competitivas:** estratégias genéricas de Porter (liderança em custo, diferenciação e foco) e estratégias de nicho.
5. **Estratégias de crescimento:** crescimento orgânico *versus* crescimento inorgânico (fusões, aquisições, *joint ventures*), diversificação.
6. **Estratégias internacionais:** entrada em mercados estrangeiros, estratégias de globalização *versus* localização.
7. **Estratégias de inovação:** modelos de negócios disruptivos, gestão da inovação.
8. **Estratégias de marketing:** segmentação de mercado, posicionamento, estratégias de *marketing mix* (produto, preço, praça, promoção).
9. **Estratégias de operações e cadeia de suprimentos:** eficiência operacional, melhoria contínua, terceirização, logística.
10. **Estratégias de sustentabilidade e responsabilidade social corporativa:** estratégias de negócios sustentáveis, impacto social e ambiental, ética empresarial.

1.1.3. Modelos de estratégia consagrados

Existem vários modelos de estratégia empresarial amplamente aplicados em todo o mundo, dependendo do contexto e das necessidades da empresa.

Alguns dos mais conhecidos e utilizados são:

- **Modelo das Cinco Forças de Porter:** desenvolvido por Michael Porter, analisa o ambiente competitivo de uma indústria, considerando as cinco forças que influenciam a atratividade e a lucratividade do setor.
- **Estratégias Genéricas de Porter:** também propostas por Michael Porter, são três estratégias fundamentais para alcançar vantagem competitiva: liderança em custo, diferenciação e foco (em um segmento específico ou nicho de mercado).
- ***Ansoff Matrix* (Matriz de Ansoff):** oferece quatro estratégias de crescimento para empresas: penetração de mercado (vender mais produtos aos clientes atuais), desenvolvimento de mercado (expandir para novos mercados), desenvolvimento de produtos (lançar novos produtos) e diversificação (entrar em novos mercados com novos produtos).
- **Modelo de Crescimento do Produto/Mercado:** esse modelo visualiza a estratégia de uma empresa em termos de seu posicionamento atual e futuro em relação aos produtos e mercados existentes e novos. Ele ajuda a identificar as opções estratégicas disponíveis para a empresa.
- ***Blue Ocean Strategy* (Estratégia do Oceano Azul):** propõe que as empresas busquem criar novos mercados e oportunidades de crescimento, em vez de competir em mercados já existentes. A estratégia visa criar um "oceano azul" de demanda inexplorada, onde a concorrência é irrelevante.
- **Modelo do Ciclo de Vida do Produto:** reconhece que os produtos passam por diferentes estágios de vida, desde o lançamento até a retirada do mercado, e sugere estratégias adequadas para cada estágio, como introdução, crescimento, maturidade e declínio.
- ***Balanced Scorecard* (BSC):** não é apenas um modelo de estratégia, mas um sistema de medição e gestão estratégica. O BSC utiliza indi-

cadores financeiros e não financeiros para avaliar o desempenho da empresa em quatro perspectivas: financeira, cliente, processos internos e aprendizado e crescimento.

- **Modelo de Henry Mintzberg:** este modelo é, talvez, aquele que mais facilmente vem à cabeça quando falamos em planejamento estratégico. Descrever a estratégia como um plano significa enxergá-la como uma sequência de ações que devem ser tomadas para alcançar um objetivo. Também conhecido como "estratégia emergente".
  - ✓ Visão de que a estratégia emerge ao longo do tempo à medida que as intenções acontecem.
  - ✓ Permite adaptações.
  - ✓ Implica na organização aprender o que funciona na prática.
- **Modelo DELTA:** é uma abordagem centrada no cliente criada por Dean Wilde e Arnoldo Hax que trata da implementação e gestão de estratégias corporativas. O modelo DELTA argumenta que a estratégia de negócios deve se concentrar nas necessidades do usuário final. De fato, ao contrário de muitas estruturas estratégicas baseadas no concorrente ou no produto, o modelo DELTA é baseado na teoria do consumidor.
- **Modelo Miles e Snow:** Segundo Miles e Snow (1978), a estratégia reflete um comportamento adaptativo e cíclico entre a organização e seu ambiente e deriva das seguintes ideias: o ambiente é formado pelas ações da organização; a estratégia dá forma à estrutura e aos processos da organização; os processos e a estrutura da organização condicionam a estratégia. Assim, uma determinada estratégia deriva das respostas que as organizações devem dar aos três problemas que compõem o ciclo adaptativo (MILES, SNOW, 1978, p. 24):
  - ✓ O Problema Empreendedor – Escolha do domínio de produtos e mercados.
  - ✓ O Problema de Engenharia – Escolha de tecnologia para produção e distribuição.
  - ✓ O Problema Administrativo – Seleção de áreas para inovação futura e racionalização de estrutura e processo.

A Brightline Initiative® é uma organização sem fins lucrativos dedicada a ajudar as empresas e os líderes a fecharem a lacuna entre a estratégia e a execução. Foi fundada em 2016 por um consórcio de organizações líderes, incluindo o Project Management Institute (PMI), a Boston Consulting Group (BCG), a Agile Alliance e a Vodafone.

A Brightline Initiative® tem como objetivo fornecer orientações práticas e *insights* para ajudar as organizações a melhorar sua capacidade de transformar estratégias em resultados concretos. Ela defende a importância de uma abordagem integrada que combine uma clara definição de estratégia com uma execução ágil e adaptativa.

A iniciativa promove um conjunto de dez princípios, conhecidos como os "Princípios Brightline", que são considerados fundamentais para superar os desafios comuns na execução de estratégias. Esses princípios incluem coisas como traduzir a estratégia em termos operacionais, alinhar os líderes para impulsionar a mudança, enfatizar o envolvimento das partes interessadas e aprender com a experiência.

Além disso, a Brightline Initiative® realiza pesquisas, promove eventos e colabora com organizações em todo o mundo para compartilhar conhecimentos e melhores práticas sobre estratégia e execução. Seu objetivo é fornecer recursos e apoio para que as organizações possam melhorar sua capacidade de implementar estratégias de maneira eficaz e alcançar resultados significativos.

Esses são apenas alguns exemplos dos modelos de estratégia empresarial mais aplicados no mundo. É importante ressaltar que a escolha do modelo depende do contexto específico da empresa, do setor em que atua e dos objetivos estratégicos que pretende alcançar.

É importante ressaltar que cada modelo apresentado fornece processos, ferramentas e técnicas para construção do caminho (solução) em direção ao sucesso. Não existe modelo único, e sim a necessidade de compreender claramente o contexto, a cultura e preparar a JORNADA ESTRATÉGICA até o(s) objetivo(s) aplicando uma compilação de vários modelos e práticas para desenvolver a SOLUÇÃO que vai potencializar sua estratégia organizacional.

1.1.4. Processo de decisão organizacional

Observe a figura a seguir.

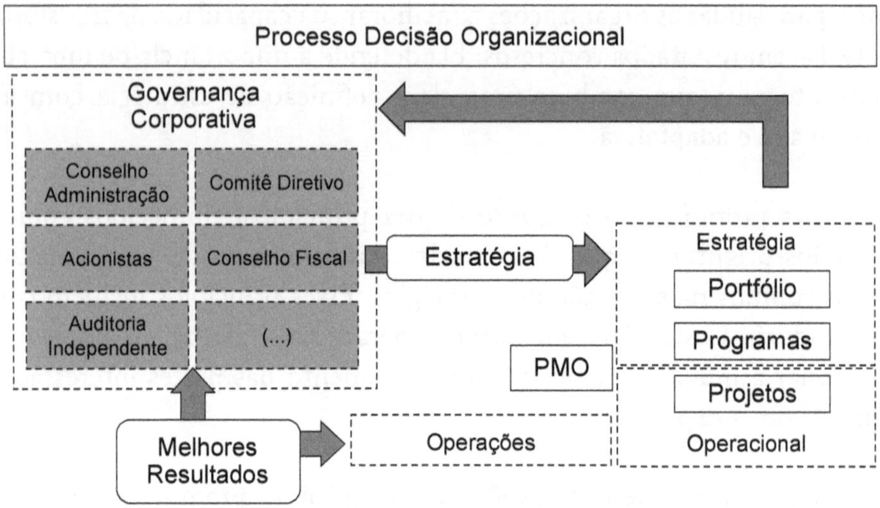

Figura 1. Processo de decisão organizacional.

Vamos observar como funciona o processo de decisão organizacional em uma empresa de médio ou grande porte.

Ao lado esquerdo, na parte de "Governança Corporativa", temos uma série de partes interessadas, chamadas também de *key stakeholders*, que, através de deliberações e rituais de gestão, determinam as decisões necessárias apresentadas pelo Comitê Diretivo da empresa (diretores, presidente, CEO etc.). Essas decisões envolvem, mas não se limitam a:

- Áreas críticas das operações.
- Investimentos.
- Gestão de crise.
- Controladoria.
- Etc.

Falando especificamente da estratégia, é a partir desta que irão surgir as decisões sobre qual caminho a empresa irá tomar visando a sobrevivência e o crescimento do negócio através de objetivos definidos em seu planejamento.

Essa estratégia terá um custo associado que deverá ser aprovado no processo de orçamento da organização – em nosso caso, estamos considerando que existe um processo formal mínimo para aprovação de orçamento.

Uma vez definido o orçamento, entramos no primeiro ponto com o valor aprovado: "o que será possível executar".

Seguindo o fluxo, uma vez que as demandas estão autorizadas, definiremos nossa carteira (projetos e programas), que será executada por diversas partes interessadas envolvidas em todos os níveis da organização.

Essas demandas serão tratadas pelas práticas de PORTFÓLIO, PROGRAMAS e PROJETOS. Devido à complexidade e ao conhecimento necessário para o desdobramento dessas práticas na organização, que de certa forma também possuem relação com a cultura da empresa, muitas organizações no mundo usam o Escritório de Gerenciamento de Projetos (também conhecido como *Project Management Office* – PMO) para apoiar a aplicação dessas práticas na empresa. Porém, vamos usar o PMO apenas como exemplo. O trabalho também poderia ser feito por alguma área da empresa que possua profissionais com as devidas competências. Observe na Figura 1 que o PMO está entre os níveis OPERACIONAIS (PROJETOS) e ESTRATÉGICO (PORTFÓLIO e PROGRAMAS), isso porque depende de qual será o tipo de PMO utilizado na estrutura organizacional. Ainda falaremos sobre PMO neste capítulo.

Após o tratamento dessas demandas pelas práticas de PORTFÓLIO, PROGRAMAS e PROJETOS, chega o momento de transição dos resultados para as operações e acompanhamento de benefícios e resultados previstos inicialmente para demandas que foram tratadas como projetos ou mesmo programas.

Um ponto que é de extrema importância compreender é:

O dinheiro que entra na empresa (faturamento) vem das OPERAÇÕES.

É preciso, antes de qualquer coisa, que as OPERAÇÕES estejam bem. Se não estão, é necessário entender o porquê disso e determinar ações estratégicas para sanar os problemas.

As entregas e os resultados serão absorvidos pelas operações, ou seja, se estamos falando de estratégia, podemos pensar em crescimento do negócio, redução de custos, inovação, aumento da capacidade de prover serviços e produtos, campanhas, expansão de mercado, aumento de receita etc.

Esses resultados serão apresentados e observados pelo grupo de partes interessadas que aprovou o investimento no início do fluxo de acordo com a governança. Observe que a demanda agora volta para o ponto de origem sob a forma de resultados. É por isso que somos cobrados diariamente... RESULTADOS!

Esses resultados deverão ser gerenciados durante um período para verificação do cumprimento de seus objetivos. Com isso, é necessário ter uma visão considerando as entregas e a avaliação desses resultados. Estrategicamente falando, planejar algo muito extenso pode não ser a melhor opção, devido à velocidade da mudança do mercado; porém, se estamos falando de um empreendimento muito longo, talvez seja melhor utilizar práticas estratégicas para gerenciar múltiplas demandas cujos resultados serão liberados na medida em que os projetos forem entregues.

O pensamento ágil nos ajuda a responder melhor ao dinamismo imposto pelo mercado (que é cruel). Esse é o desafio da ESTRATÉGIA CONTEMPORÂNEA.

Lembre-se, em uma organização...

É preciso decidir e assumir responsabilidade pela decisão.

Agora vamos apresentar alguns temas relevantes para a gestão estratégica por meio de projetos e agilidade antes de iniciar as práticas estratégicas.

1.2. Agilidade

Agilidade refere-se à capacidade de se adaptar rapidamente a mudanças ou agir de forma flexível e eficiente em situações variadas. Esse termo é frequentemente utilizado em contextos como negócios, tecnologia, gestão de projetos e desenvolvimento de software, entre outros.

No contexto empresarial, a agilidade pode se referir a uma abordagem de gestão que busque responder de maneira rápida e eficaz às mudanças no ambiente de negócios. Já as metodologias/abordagens ágeis são *frameworks*, ferramentas e/ou métodos sustentados por princípios que enfatizam a colaboração, a flexibilidade e a entrega contínua de produtos.

Além disso, a agilidade pode ser aplicada a habilidades pessoais, como a capacidade de aprender rapidamente, se adaptar a novas situações e tomar decisões eficientes em tempo real.

Em resumo, agilidade está relacionada à capacidade de se movimentar de forma rápida, flexível e eficiente em diferentes contextos e situações.

1.2.1. *Mindset* ágil

A mentalidade ágil refere-se a um conjunto de valores, princípios e práticas desenvolvidos originalmente no contexto do desenvolvimento de software, mas que agora são aplicados em uma variedade de áreas e setores. A mentalidade ágil valoriza a flexibilidade, a colaboração, a adaptabilidade e a entrega incremental de resultados.

Em vez de adotar uma abordagem rígida e planejada do início ao fim de um projeto, a mentalidade ágil enfatiza a resposta rápida a mudanças, a interação constante com os clientes ou usuários finais e o aprendizado contínuo ao longo do processo. Ela reconhece que os requisitos e as circunstâncias podem mudar ao longo do tempo, e busca abraçar essa incerteza em vez de tentar eliminá-la.

Alguns dos princípios fundamentais da mentalidade ágil estão no famoso Manifesto Ágil (BECK et al., 2001):

- Valorizar indivíduos e interações mais do que processos e ferramentas.
- Valorizar software funcional e em execução mais do que documentação abrangente.
- Colaborar com os clientes e responder às suas necessidades em constante evolução.
- Adaptar-se a mudanças em vez de seguir um plano fixo.
- Promover a colaboração e a auto-organização das equipes.
- Buscar *feedback* contínuo e iterativo para melhorar continuamente.
- Simplificar e focar somente naquilo que agrega valor.

A mentalidade ágil é frequentemente associada a metodologias ágeis, como *Scrum*, *Kanban* e *Lean*, que fornecem estruturas e práticas específicas para implementar esses princípios. No entanto, a mentalidade ágil vai além das metodologias específicas e se concentra em uma abordagem mais holística de trabalho, encorajando a experimentação, a aprendizagem adaptativa e a melhoria contínua em busca de melhores resultados.

1.2.2. Agilidade e estratégia

No contexto da estratégia, a agilidade pode ser definida como a capacidade de uma organização de se adaptar rapidamente a mudanças no ambiente externo, identificar oportunidades emergentes e responder de forma eficiente para obter vantagem competitiva.

Cada vez mais as empresas precisam lidar com PROCESSOS DINÂMICOS.

Lidar com processos dinâmicos em uma empresa é enfrentar um ambiente em constante evolução e mudança. Isso implica na habilidade de se adaptar rapidamente a novas circunstâncias, responder a demandas emergentes e antecipar tendências futuras. Em um cenário dinâmico, os processos organizacionais podem ser fluidos e flexíveis, exigindo uma abordagem ágil e uma mentalidade orientada para soluções criativas. Gerenciar processos dinâmicos envolve não apenas acompanhar o ritmo das mudanças, mas também liderar equipes para garantir que elas estejam alinhadas com os objetivos da empresa e preparadas para enfrentar os desafios que surgirem. Essa capacidade de adaptação contínua é essencial para o sucesso em um ambiente empresarial cada vez mais complexo e competitivo.

A agilidade estratégica:

- implica em uma abordagem flexível e adaptável. Isso envolve uma mentalidade orientada para a ação, prontidão para experimentar novas ideias e capacidade de resposta rápida aos desafios e às mudanças no mercado.
- está relacionada à capacidade de aprender com os erros e de tomar decisões baseadas em informações atualizadas e relevantes. Isso requer a criação de uma cultura organizacional que incentive a inovação, o trabalho em equipe, a colaboração e a comunicação efetiva.
- envolve a capacidade de antecipar mudanças e se posicionar de forma proativa, em vez de reativa, em relação às tendências e disrupções no mercado. Isso pode ser alcançado por meio de uma análise contínua do ambiente de negócios, da observação dos concorrentes, da identificação de oportunidades emergentes e da busca constante por melhorias e inovações.

Em resumo, a agilidade estratégica refere-se à capacidade de se adaptar rapidamente, aprender com a experiência, antecipar mudanças e responder de forma eficiente e eficaz às demandas do mercado.

1.2.3. *Bussiness agility*

Business agility, ou agilidade empresarial (negócios), refere-se à capacidade de uma organização de se adaptar e de responder rapidamente às mudanças do mercado, às demandas dos clientes e às condições internas. É a capacidade (que remete à cultura) de uma empresa de ser flexível, ágil e eficiente em sua abordagem, estrutura e processos.

É uma resposta à crescente volatilidade, incerteza, complexidade e ambiguidade (VUCA, na sigla em inglês *Volatility*; *Uncertainty*; *Complexity*; e *Ambiguity*) do ambiente de negócios atual. As estruturas e abordagens tradicionais de negócios podem ser lentas, burocráticas e inflexíveis, dificultando a capacidade de se adaptar às mudanças e de inovar.

Para ser ágil nos negócios, uma organização precisa adotar uma mentalidade orientada para a ação, ser aberta a experimentações e aprender com os erros. Além disso, requer a capacidade de responder rapidamente às demandas dos clientes, identificar oportunidades emergentes e se antecipar às mudanças no mercado.

Business agility também envolve a transformação de processos internos para que as estruturas organizacionais se tornem mais ágeis e adaptáveis. Isso pode incluir a adoção de metodologias ágeis de gestão, como *Scrum* ou *Kanban*, a formação de equipes multidisciplinares e autônomas, a redução da burocracia e a promoção de uma cultura de colaboração, inovação e aprendizado contínuo.

Uma organização ágil é capaz de ajustar estratégias, produtos e serviços de forma rápida e eficaz, explorando oportunidades e minimizando riscos. Ela está constantemente se adaptando e buscando melhorias, mantendo-se alinhada com as necessidades e expectativas dos clientes e do mercado.

Em resumo, *business agility* é a capacidade de uma organização de se adaptar e responder rapidamente às mudanças do mercado, ser flexível em sua abordagem e estrutura, e promover uma cultura de inovação e aprendizado contínuo. *Business agility* permite que as empresas prosperem em um ambiente de negócios dinâmico e altamente competitivo.

Para implementar *business agility* em uma organização é necessário o incentivo e investimento em práticas ágeis, de forma a preparar a cultura organizacional para o "ser ÁGIL".

1.3. Construção estratégica

Vamos trabalhar com três elementos básicos para o desenho da estratégia.

- SIMPLICIDADE
- OBJETIVIDADE
- FOCO (no VALOR que realmente importa)

Agora vou apresentar alguns conceitos básicos para a construção de uma estratégia.

1.3.1. Objetivos estratégicos

Ao determinar a estratégia a ser seguida, precisamos entender quais serão os objetivos estratégicos. Trata-se de uma ação importante, pois ajudará ainda mais a definir aonde se quer chegar.

Um modelo de gestão organizacional não alinhado com as atuais tendências de mercado torna-se uma barreira para a definição estratégica, dificultando a tomada de decisão.

Ainda citando Porter, é importante esclarecer que a estratégia é o "COMO" chegar ao objetivo.

Olhando para frente, e considerando um período de execução (um, dois, três, dez e talvez vinte anos), devemos definir o que queremos ser e/ou atingir.

Se levarmos em conta o atual cenário econômico, considerando a velocidade da mudança, quanto maior for a visão de um plano estratégico, maiores serão os riscos e mais necessárias serão as revisões e atualizações das estratégias, bem como dos principais objetivos ao longo do tempo.

Pense na importância disso!

Um ponto de partida é a avaliação da missão, da visão e dos valores da empresa, que determinam a razão e motivam a existência da organização.

Observe a figura:

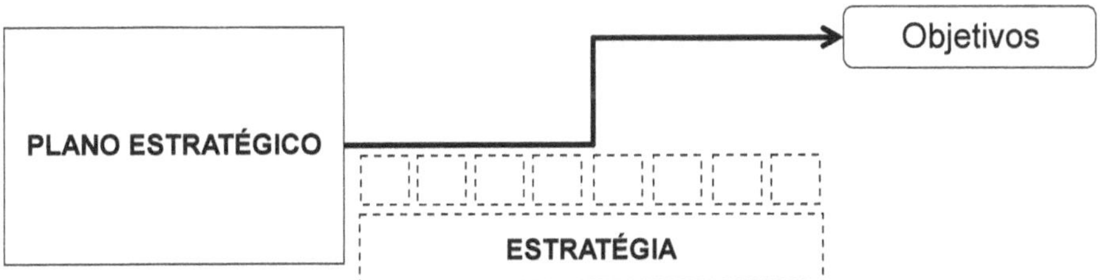

Figura 2. Estratégia x objetivos estratégicos.

Exemplos de objetivos estratégicos:

- Ser o líder tecnológico do segmento.
- Estar entre os três maiores fabricantes do segmento.
- Ser reconhecido como uma empresa inovadora.
- Ser reconhecido pela excelência na realização de serviços.

Observe que, após determinar a estratégia, definimos os objetivos, ou seja, iniciamos o desdobramento e o alinhamento estratégico das ações que virão a seguir.

1.3.2. Metas estratégicas

Uma das principais dificuldades das organizações é a medição de algo a ser atingido, simplesmente pela complexidade de quantificar algo. Lembro que em um dos meus clientes existia um projeto cujo nome era "sensibilizar o órgão XPTO para apoio à nossa força de vendas". Como detalhar o escopo deste projeto? E os benefícios? E alinhar seus resultados com a estratégia da empresa?

Durante o desdobramento estratégico de um plano, questões dessa natureza poderão ser mais comuns do que parece, e é preciso experiência para saber fazer as perguntas certas para chegar às informações que irão construir a visão do trabalho a ser feito. Talvez o nome do projeto citado fosse o objetivo, mas, por falta de conhecimento das principais partes interessadas em elaborar programas e projetos e devido ao não envolvimento de um profissional capacitado para ser o facilitador do processo, houve essa confusão. Veja o impacto: o projeto foi autorizado e aprovado para execução. O resultado final foi positivo? Acredito que você já saiba a resposta. Não!

A meta não precisa necessariamente estar no nível de projetos, porém, quanto maior for o grau de detalhamento dos números, seja através de metas ou mesmo benefícios, melhores serão para a execução, medição e controle de projetos, programas e portfólio.

A partir dos objetivos podemos definir algumas metas estratégicas, como por exemplo:

- Aumento de **40%** no faturamento.
- Lançamento de **2** novos produtos.
- Redução de **20%** nos custos operacionais.
- Seis meses de OPERAÇÃO em caixa.
- % de reserva para um fundo de investimento para o risco tomado pelo negócio.
- Redução de **15%** nos acidentes em postos de trabalhos.
- Aumento da eficiência operacional em **15%**.
- Redução do tempo de parada para manutenção em **5%**.

Se observarmos esses exemplos, é possível pensar em uma estrutura de programas. Através de uma série de projetos, que possuam ou não relacionamento, serão produzidos resultados (os produtos finais a serem entregues) que irão contribuir significativamente para uma parcela ou um percentual de cada meta definida para a estratégia.

1.3.3. Decisões estratégicas

Quando falamos e pensamos em DECISÃO ORGANIZACIONAL, imaginamos algo do tipo:

> *"É preciso ter certeza, caso contrário tudo está perdido"*
>
> *"Não consigo acreditar que o Diretor tomou esta decisão"*
>
> *"Como podem tomar esta decisão sem nos consultar?"*
>
> *"Falhamos porque não fui envolvido nesta decisão"*

Será que a culpa é 100% da tomada de decisão errada, seja por parte de um *key stakeholder* (executivo) ou de um gestor?

Precisamos avaliar o porquê de a decisão ter sido tomada. É importante uma análise para entender com que base foi "batido o martelo". Existe uma conexão, muitas vezes oculta, entre os níveis operacional e executivo das organizações. Observe que a relevância de comunicação entre esses dois níveis torna-se o fator de maior criticidade para o sucesso de alguma ação que envolva essas partes interessadas.

Antes de seguirmos para um exemplo, vamos pensar em nossa vida pessoal. O fato de você mudar o caminho que faz até o trabalho todos os dias pode trazer consequências positivas ou negativas. O fato de você realizar uma postagem nas redes sociais criticando alguma coisa pode gerar uma série de interpretações sobre o que escreveu, também trazendo coisas boas e ruins. Imaginemos profissões que requeiram tomada de decisão sem tempo algum para avaliação, como um médico durante uma cirurgia crítica cuja decisão pode significar a vida ou a morte de um paciente. A decisão é muito presente em nosso dia a dia, muito mais do que achamos. Vivemos à mercê das nossas escolhas diariamente.

Trazendo isso para o mundo corporativo, imagine uma parte interessada, como um acionista, um CEO, um presidente, um diretor ou um gestor, ter que tomar uma decisão que irá impactar de forma positiva ou negativa o negócio da organização.

Isso significa colocar em risco toda a empresa, sua força de trabalho, seus recursos, seu nome, sua marca etc.

Precisamos entender que existe um trabalho nobre a ser feito no sentido de elaborar e estruturar as informações necessárias, e somente as necessárias, para a tomada de decisão estratégica. Pode ser desde um simples projeto, quando o PMO se encarrega de elaborar um relatório executivo, até o monitoramento de um portfólio estratégico com milhões em jogo. Observe a importância disso.

Em uma das minhas palestras, para um público de cerca de quatrocentas pessoas, perguntei quantos gerentes de projetos tinham total autonomia sobre os recursos utilizados. Somente duas pessoas levantaram a mão (e até hoje me questiono se entenderam a pergunta 😊).

A maioria dos gerentes de projetos (ou pessoas envolvidas na entrega da estratégia) não possui total autonomia sobre os recursos, portanto trabalham para responder a alguém que tenha autonomia e possa tomar uma decisão sempre que necessário. Logo, essa pessoa precisa de informações para que isso seja feito de forma correta.

Se você recebesse um relatório incompleto para tomar uma decisão que significaria mais dois milhões a serem gastos e prestação de contas para o conselho de administração da empresa, você faria? Acredito que não.

Por isso a importância das informações corretas, reais e suficientes para apoiar a tomada de decisão final esperada. Uma organização cujo modelo de gestão não suporta esse fluxo de informações (apoio à tomada de decisão) coloca todo o seu planejamento em posição vulnerável. As práticas de governança em projetos suportam o processo decisório, reduzindo significativamente o tempo de implantação, por exemplo, de um modelo de gestão de projetos em uma organização.

Lembre-se de que esses pontos não são garantia de que sempre a melhor decisão será tomada, porém haverá elementos (informações) que apoiarão os tomadores de decisão na organização. Se mesmo assim a decisão for tomada com base em interesses pessoais à frente dos interesses da organização é outra história, porém, você, como profissional, fez o seu papel de estruturar as informações necessárias para a tomada de decisão organizacional.

1.4. Suporte à estratégia

Tão importante quanto a concepção de uma estratégia é a capacidade de entregar. Não adianta ter planos maravilhosos e apresentações de alto impacto visual se o patrocínio, o esforço e a percepção da importância para a entrega não forem proporcionais.

Ao final de um de meus projetos de desenho da estratégia a CEO da empresa (setor de saúde) interrompeu a comemoração antecipada de diretores e gerentes pela construção do plano e disse: "não comemorem porque agora temos que entregar". Eu complementei: "só devemos pensar em comemorar quando os primeiros resultados, devidamente medidos, começarem a aparecer". A comemoração final deverá considerar se houve alto desempenho da entrega da estratégia após o ciclo definido para a visão do plano. Exemplo: 1 ano, 5 anos, 10 anos etc.

Ressalto que quanto maior o prazo do ciclo, maior será a complexidade de medição e apuração de resultado do plano.

Agora vou apresentar alguns conceitos básicos que apoiam a execução de sua estratégia.

1.4.1. Governança corporativa

A governança corporativa é um conjunto de mecanismos suportado por práticas e rituais de gestão que visam a geração de valor para o negócio e, consequentemente, para os acionistas e investidores com base nos pilares:

- Prestação de contas.
- Transparência.
- Equidade.
- Conformidade.
- Responsabilidade corporativa.

De acordo com o Instituto Brasileiro de Governança Corporativa (IBGC):

> *Governança corporativa é o sistema pelo qual as empresas e demais organizações são dirigidas, monitoradas e incentivadas, envolvendo os relacionamentos entre sócios, conselho de administração, diretoria, órgãos de fiscalização e controle e demais partes interessadas.*
>
> *As boas práticas de governança corporativa convertem princípios básicos em recomendações objetivas, alinhando interesses com a finalidade de preservar e otimizar o valor econômico de longo prazo da organização, facilitando seu acesso a recursos e contribuindo para a qualidade da gestão da organização, sua longevidade e o bem comum.*

O tema governança corporativa vem crescendo e conquistando cada vez mais o interesse de gestores, investidores, autoridades públicas, estudantes e da sociedade em geral.

As principais partes interessadas são os acionistas, a alta administração, o comitê diretivo e os auditores (internos e externos). Outros envolvidos incluem funcionários, fornecedores, clientes, bancos e outros credores, instituições reguladoras (como CVM, Banco Central etc.) e a comunidade em geral.

O conceito é bastante amplo, porém podemos entender que se trata de um modelo de gerenciamento que agrega valor aos acionistas e aumenta o retorno de seus investimentos.

Este modelo é aplicado através de:

- Propriedade (sócios).
- Conselho de administração.
- Gestão.
- Auditorias (interna e externa).
- Conselho fiscal.
- Código de conduta ética e conflito de interesses.
- Deliberações através dos níveis definidos em um estatuto e/ou contrato social e rituais de gestão como assembleias extraordinárias, reuniões de diretoria, orçamento, conselho fiscal etc.
- Elaboração e suporte a políticas e procedimentos.
- Cumprimento dos requisitos legais.
- Transparência e clareza na prestação de contas.
- Utilização de mecanismos de controles financeiros.
- Etc.

Como exemplo, vamos considerar uma tomada de decisão de alto impacto, caracterizada por um investimento de 30 milhões para o próximo ano. Esse investimento deverá aumentar o faturamento de 10% a 15% ao ano nos próximos cinco anos.

Considerando que o faturamento da empresa é de 200 milhões, com crescimento de 10% ao ano, teríamos a projeção da tabela a seguir.

Tabela 2. Projeção de crescimento do faturamento.

Ano 0	Ano 1	Ano 2	Ano 3	Ano 4
200 MM	220 MM	242 MM	264 MM	290 MM

Observe o que é esperado e a responsabilidade que o investimento traz para seus executores e consequentemente para o negócio – que, por sua vez, trará retorno para seus acionistas e investidores, significando o futuro da empresa.

Contudo, na maioria das vezes, por falta de clareza e transparência, certas informações não são alinhadas entre todos os níveis das organizações.

O levantamento e o mapeamento de informações estratégicas devem justificar a aprovação desse orçamento. Uma vez aprovado, haverá uma clara necessidade de prestação de contas e transparência durante o ciclo de execução.

Como fazer isso?

Projetos e agilidade

Observe a importância disso.

1.4.2. Governança em projetos

Quando trazemos os conceitos da governança corporativa para o gerenciamento de projetos, programas e portfólio temos a oportunidade de apoiar ainda mais práticas com princípios e fundamentos baseados em prestação de contas, transparência, equidade, conformidade e responsabilidade corporativa, ou seja, estabelecer mecanismos ou rituais de gestão através de ferramentas e técnicas recomendadas pelas melhores práticas e seus respectivos padrões, estruturando um modelo de gerenciamento minimamente preparado para atender às expectativas das principais partes interessadas.

A Figura 1 ilustra bem o fluxo de informações estratégicas que sustentam as decisões organizacionais. Se estivermos falando de tomada de decisão, vamos considerar os níveis:

- **Acionistas e investidores** – Uma vez que recebem as solicitações, deverão analisar e tomar a decisão de aprovar ou não alguma coisa. Um ponto vital aqui é que as informações precisam estar em um grau mínimo de confiabilidade e realidade, pois será uma decisão que leva ao futuro da organização. Podemos considerar o futuro cenário ÓTIMO, REGULAR ou RUIM, o que está ligado diretamente à decisão tomada e à forma como ela será gerenciada do início ao fim. Observe que temos um grau de risco estratégico associado a qualquer decisão neste nível.
- **Comitê diretivo** – Na figura de seu representante, o principal executivo deste grupo apresenta as oportunidades e ameaças (riscos estratégicos), necessidades e outros trabalhos que irão representar o

indispensável para sustentabilidade e/ou crescimento do negócio, visando definir uma ou mais estratégias para a organização.

- **Gestores** – Uma vez aprovado um investimento, consequentemente, uma série de ações de pequeno a médio porte deverão ser executadas em conformidade com suas necessidades reais e com o escopo devidamente aprovado. Este grupo terá a responsabilidade de executar e entregar os resultados. Consideramos partes interessadas: gerentes funcionais, coordenadores, gerentes e líderes de projetos ou programas e/ou qualquer indivíduo que possua atividades de liderança em uma dessas ações.
- **Nível operacional/técnico** – Este grupo será responsável por construir, desenvolver e entregar quaisquer produtos, serviços ou resultados previstos nas ações geradas pelo investimento aprovado. Um fator crítico de sucesso é a comunicação com o grupo dos gestores, que, neste caso, tem a responsabilidade de instruir, gerir e direcionar o trabalho a ser feito pela equipe técnica (operacional).

Os envolvidos para gerenciar essas ações, seja na figura de um escritório de projetos (PMO) ou mesmo de membros de uma área, setor, gerência, diretoria e/ou considerando também os próprios acionistas para o caso de pequenas e médias empresas, deverão estruturar um modelo para suportar:

- Tomada de decisão (início) no momento da aprovação.
- Prestação de contas (execução), liberando resultados e benefícios de acordo com a conclusão dessas ações, iniciando a geração e o retorno de valor para o negócio. Decisões são solicitadas sempre que necessário. Este ponto é importante porque a grande maioria dos gerentes de projetos não possui total autonomia sobre os recursos utilizados pelo projeto. Logo, é necessário suporte de alguém que possua essa autonomia, geralmente um executivo. Observe a importância disso.
- Conformidade (fechamento) apresentando os resultados parciais e finais, comparando o planejado com o realizado.

Como fazer isso?

Projetos e agilidade

Observe novamente a importância disso.

Em portfólio, uma vez autorizado o ciclo de execução, reavaliações periódicas se fazem necessárias devido às constantes mudanças no mercado.

Em programas, os objetivos estratégicos e benefícios devem ser revistos, alterados e gerenciados de acordo com as mudanças previstas no portfólio.

Em projetos, é importante a revisão periódica de seus objetivos, como, por exemplo, através da análise do *business case* do projeto. Relatórios mensais que registrem o "status" do projeto (avanço físico-financeiro, riscos, próximos passos, realizações etc.) suportam o desdobramento da prestação de contas, que irá "alimentar" as informações consolidadas dos níveis acima (programas e portfólio) até a alta administração.

Quanto maior o nível, maior o espaço de tempo até a próxima revisão. Isso porque é difícil "parar" membros de alta administração para a revisão. Um PMO pode e deve ser o facilitador desse processo, previsto pelo modelo de governança em projetos.

Vamos analisar a figura:

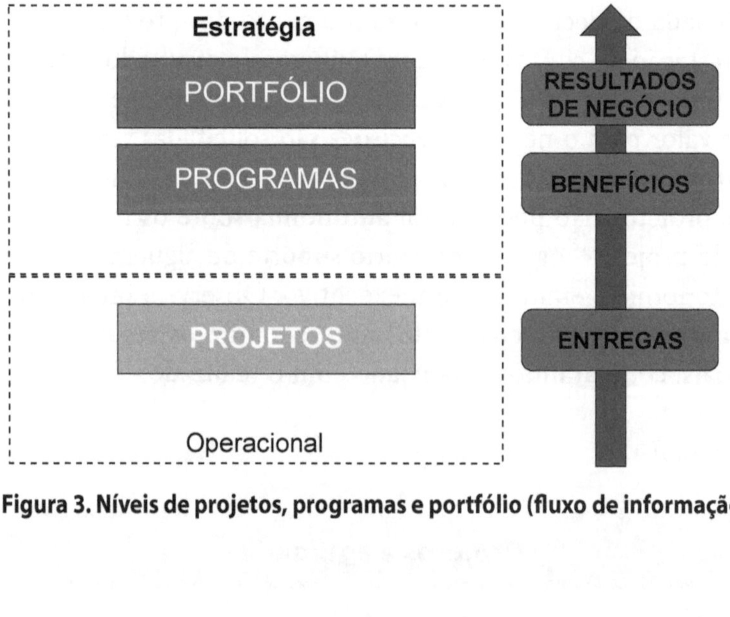

Figura 3. Níveis de projetos, programas e portfólio (fluxo de informação).

Observe que separamos a visão em dois níveis, a saber:

- **Estratégia** - Aqui temos o envolvimento de gestores, executivos e outras partes interessadas em decisões estratégicas, seja através da definição de objetivos estratégicos e benefícios, seja através do acompanhamento dos resultados atingidos conforme o avanço das ações (projetos).
- **Operacional** - Onde acontecem as coisas, ou seja, é neste nível que as entregas previstas pelos projetos são construídas/desenvolvidas, avaliadas e liberadas para a operação.

Após a autorização de execução das ações previstas (projetos), iniciamos a troca de informações estratégicas do nível operacional para o nível estratégico.

Um ponto importante é que não são TODAS as informações de um projeto, por exemplo, que precisam ser apresentadas durante a prestação de contas. São necessárias somente as informações que de fato apoiem a tomada de decisão e ilustrem como estão as coisas em comparação com os resultados estratégicos previstos. Informações de natureza técnica não agregam valor a uma prestação de contas em alto nível, porém o efeito daquela atividade técnica nos objetivos dos projetos é que, de fato, apoia a tomada de decisão.

Temos duas maneiras de entender o que de fato precisa ser apresentado na prestação de contas:

1. Realizar um levantamento das expectativas das partes interessadas de alto poder e influência, mapeando quais informações precisam constar nas medições.
2. A partir dos objetivos dos projetos, determinar quais métricas podem ser utilizadas para a prestação de contas.

Exemplo 1: em um projeto que possui a data final como restrição, talvez seja importante apresentar o quanto falta para o seu encerramento, seus riscos, próximos passos etc.

Exemplo 2: em outro projeto que possua marcos estratégicos, talvez seja importante apresentar como está o andamento de cada marco, prazo previsto, riscos associados, próximos passos, decisões pendentes etc.

Isso mostra que precisamos adaptar as informações caso a caso, de acordo com o porte e a complexidade do projeto ou programa.

Existe a necessidade de uma mínima maturidade em relação à aplicação de práticas de gerenciamento de projetos neste modelo. Organizações que não possuem esse requisito (mínimo) terão perda de credibilidade e confiabilidade de informação no acompanhamento executivo.

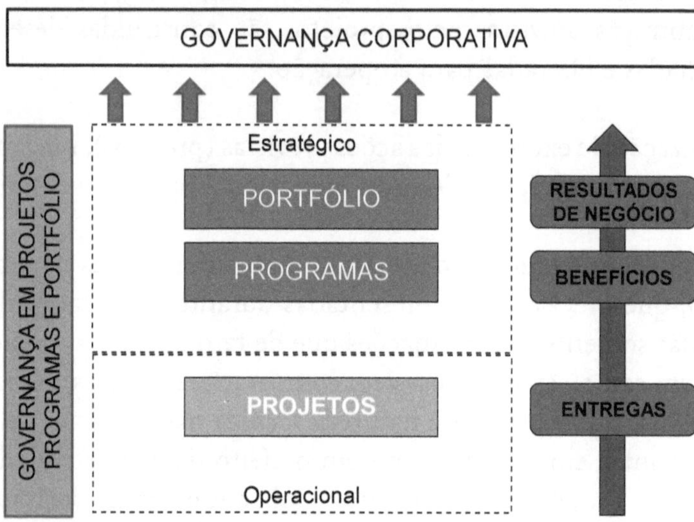

Figura 4. Relação entre governança de projetos e governança corporativa.

Um dos fatores críticos previstos por um modelo de governança em projetos, geralmente suportado por rituais de gestão, como reuniões com registro de decisões e/ou informações estratégicas, são as revisões ou *checks* periódicos com envolvimento de *key stakeholders*, que deverão avaliar a viabilidade ou não das ações (projetos) em execução. Devido à velocidade da mudança no mercado, coisas que antes eram a prioridade número 1 para a organização simplesmente tornam-se dispensáveis da noite para o dia.

Um ponto de atenção é a dificuldade de separar projetos estratégicos de projetos tático-operacionais. É importante deixar claro que um projeto operacional pode (e deve) contribuir para a estratégia organizacional.

1.4.3. PMO

O escritório de gerenciamento de projetos (PMO), também conhecido como centro de excelência em gestão de projetos, programas e portfólio, suporta e desenvolve a aplicação de práticas de gerenciamento nas organizações. Podemos observar que construir um PMO como uma área não é uma regra, logo, em organizações de menor porte podemos contar com pessoas nesta função.

Um PMO pode ser (mas não se limita a):

- Setorial.
- Departamental.
- Estratégico.
- Entre outras possibilidades.

O que vai diferenciar os tipos e portes de um PMO será o nível (limite) de atuação.

Um escritório de projetos setorial se limita a um setor ou gerência. Por exemplo, podemos pensar em uma grande empresa que possui dois funcionários executando a função de PMO na área de TI, ou seja, serão responsáveis por prover suporte à aplicação de práticas de projetos no setor de TI.

Já o PMO estratégico será responsável por gerir toda a carteira estratégica de projetos da organização, considerando a aplicação de práticas de programas (gestão de benefícios) e portfólio (priorização de projetos). A atuação deste PMO é de facilitador dos processos junto à alta administração das empresas.

A função e as expectativas do PMO vêm mudando ao longo dos últimos anos, principalmente pelas exigências e necessidades do mercado de trabalho em constante evolução. Se olhássemos para o PMO há dez anos, seria possível ver que era uma área responsável pela metodologia de gerenciamento de projetos de uma organização. Hoje temos a questão da percepção de valor gerado pelos escritórios de projetos. Temos funções como: apoio à tomada de decisão, medição e gestão de benefícios, suporte à governança corporativa, capacitação e treinamento, priorização etc.

Um profissional de gerenciamento de projetos que atue em um PMO precisa ter visão estratégica, considerando as práticas (projetos, programas e portfólio), o conhecimento do negócio e a experiência na implantação de um modelo de gestão considerando os três níveis.

Observe na próxima figura as vinte funções previstas para um PMO, segundo Gerard Hill (2013).

20 FUNÇÕES PREVISTAS PARA UM PMO

PMO – PRÁTICAS GESTÃO	INFRAESTRUTURA	INTEGRAÇÃO	SUPORTE TÉCNICO GP	SUPORTE ESTRATÉGICO
✓ METODOLOGIA DE GERENCIAMENTO DE PROJETOS	✓ GOVERNANÇA	✓ GERENCIAMENTO DE RECURSOS	✓ *MENTORING*	✓ GERENCIAMENTO DE PORTFÓLIO
✓ FERRAMENTAS DE GP	✓ AVALIAÇÃO	✓ CAPACITAÇÃO	✓ PLANEJAMENTO	✓ RELACIONAMENTO COM O CLIENTE
✓ MÉTRICAS e PADRÕES	✓ ESTRUTURA e ORGANIZAÇÃO	✓ DESENVOLVIMENTO DE CARREIRAS (GP)	✓ AUDITORIA	✓ DESEMPENHO OBJETIVOS ESTRATÉGICOS
✓ GESTÃO DO CONHECIMENTO	✓ EQUIPAMENTO e INSTALAÇÕES	✓ DESENVOLVIMENTO TIMES DE PROJETOS	✓ RECUPERAÇÃO DE PROJETOS	✓ RELACIONAMENTO COM FORNECEDORES

Figura 5. Vinte funções previstas para um PMO segundo Gerard Hill (2013).

É possível entendermos que um PMO pode desempenhar *n* funções ligadas à aplicação das práticas de projetos, programas e portfólio. O que vai determinar "o que será aplicado" será a necessidade da organização. Essa necessidade será a entrada (*input*) para um projeto de implantação de um escritório de projetos.

Inicialmente, e com essas necessidades levantadas, podemos considerar o projeto de implantação de um PMO com as seguintes entregas (mas não se limitando a):

Diagnóstico – Levantamento de informações sobre a cultura de gerenciamento de projetos na organização, a saber (mas não se limitando a):

- ➢ Conhecimento em gerenciamento de projetos da força de trabalho.
- ➢ Ferramentas (*templates* e softwares utilizados) usadas na gestão de projetos.
- ➢ Políticas e procedimentos relacionados ao tema existente.

- Mapa de projetos: quais são os projetos existentes e em andamento, considerando prazos, recursos e orçamentos.

Plano de ação* – Determina as ações para implantação do PMO, como:

- Mapeamento de processos (básicos) para gestão de projetos.
- Padronização de métodos, sistemas e ferramentas utilizadas.
- Determinação de indicadores iniciais.
- Etc.

Implantação – São ações que irão concluir a implantação do escritório de projetos:

- Capacitação de força de trabalho (níveis operacional, gerencial e executivo), considerando o modelo de gestão e as ferramentas a serem utilizadas.
- Piloto: utilizar uma área, departamento ou setor como início de utilização e aplicação do modelo de trabalho definido através de uma "operação assistida" por um tempo determinado.

A visão mostrada aqui é a implantação de um PMO do "zero", ou seja, que nunca existiu na organização. Porém, este processo pode ser aplicado em escritórios de projetos existentes como um projeto de "reestruturação".

> **Assim como qualquer área, departamento e/ou organização, um PMO deverá ter sua estratégia e executá-la em prol das necessidades e expectativas dos *key stakeholders*, visando contribuição e geração de valor para o negócio, garantindo sua sobrevivência e sendo referência em gestão de projetos, programas e portfólio na organização.**

---

* Essas entregas do plano de ação deverão considerar as necessidades da organização levantadas inicialmente e o resultado do diagnóstico. Com essa "junção", o plano de ação deverá ser "modelado". É importante observar que o projeto de implantação evolui de acordo com as informações levantadas e amadurecidas etapa a etapa.

Para a operação do PMO é importante considerar os custos de manutenção:

- Funcionários da equipe (*headcount*).
- Licenças de softwares utilizados.
- Verba para capacitação dos níveis operacionais e executivo.
- Orçamento anual.
- Etc.

No Capítulo 3 voltaremos a falar sobre algumas ferramentas e técnicas que irão apoiar a implantação ou reestruturação de seu PMO ou pessoas que tenham esta função.

1.4.4. VMO

Value Management Office (VMO) é o "Escritório de Gerenciamento de Valor". Ele se concentra em gerenciar e otimizar o valor entregue por um projeto, programa ou portfólio.

O VMO desempenha um papel crucial no alinhamento dos objetivos estratégicos da organização com as iniciativas em andamento. Ele geralmente se concentra em atividades como identificação e priorização de iniciativas de alto valor, alocação eficiente de recursos, gerenciamento de riscos e garantia de que os projetos estejam alinhados com a visão e as metas estratégicas da organização.

A função específica do VMO pode variar entre organizações, mas geralmente envolve práticas de gestão de valor, governança e monitoramento, para garantir que os investimentos estejam gerando os resultados desejados.

Lembre-se de que a terminologia e as práticas específicas podem variar em diferentes contextos e setores, por isso é sempre útil verificar a definição e os procedimentos específicos utilizados pela organização em questão.

1.4.5. Operações

As operações das organizações são críticas para o negócio simplesmente pelo seguinte fato:

> **O DINHEIRO VEM (OU VAI) DE (PARA) LÁ!**
> **(reflita novamente sobre isso!)**

Antes de qualquer pensamento sobre planejamento estratégico, PMO, gestão de projetos, programas etc., é preciso analisar "como estão" as operações.

Uma das principais dificuldades no mundo executivo é a determinação da estratégia a ser utilizada pela organização nos próximos anos, simplesmente porque são inúmeros fatores e variáveis que deverão ser considerados para a tomada de decisão final que significará o futuro da organização. Agora que estamos avaliando detalhadamente, percebemos que não é fácil tomar decisões desse tipo. Se você for um executivo, deverá concordar com essa afirmação (no Capítulo 3 falaremos sobre o envolvimento da alta administração).

Imagine quando um ou mais acionistas determinam qual estratégia seguir sem considerar essas análises. É preciso ter capacidade de questionar tal recomendação da principal parte interessada (acionista) com fatos e informações que poderão (ou não) levá-la a reconsiderar sua determinação. Novamente, é preciso ter as informações certas na hora certa para apoiar a decisão final.

Uma análise detalhada das operações pode ser um excelente ponto de partida. Algumas questões que poderiam ser respondidas nessa análise:

- Como estão as operações?
- Quais as oportunidades de melhoria?
- Quais as oportunidades de redução de custo (inovação, automação, tecnologias etc.)?
- Quais seriam as operações mais críticas para o negócio? (Em uma pequena e/ou média empresa pode ser fácil determinar isso, porém em uma grande empresa, com milhares de operações, seria importante determinar quais são as operações críticas.)
- Etc.

Vamos imaginar que você tenha quatro fontes de renda.

- Qual seria a fonte que lhe proporciona a maior fatia de toda a sua renda mensal?
- É possível aumentar a receita das outras fontes para manter um equilíbrio?
- Existem riscos na maior fonte de renda, ou seja, a fonte crítica para a sua renda mensal?

Agora ficou mais fácil para você compreender a análise das operações.

Falando de investimento, as operações podem ser um dos principais meios para captação de recursos financeiros. Como exemplo, pense em uma organização que teve um ótimo desempenho e alcançou 40 milhões de lucro. Os acionistas determinaram que 30% desse valor será usado como investimento para o próximo ano, ou seja, o orçamento previsto para o próximo ciclo contará com 12 milhões em sua composição, dedicado a investimentos que serão traduzidos através de portfólio, programas e projetos.

Este é um grande ponto de partida.

Agora vamos para a outra ponta, ou seja, o final.

Após análise e elaboração de um plano estratégico (desenho da estratégia), serão definidas demandas que poderão ser aprovadas e priorizadas em carteira (portfólio), podendo ser tratadas por programas, gerando benefícios, e por projetos.

A entrega final de um projeto disponibiliza um produto, resultado ou serviço (*deliverable*) que será transferido para as operações.

Vamos analisar esta afirmação.

Após o início das operações, este produto, resultado ou serviço será gerido por processos contínuos e repetitivos que irão aumentar, desenvolver e transformar a capacidade de prover produtos e serviços de um negócio.

Observe como portfólio, projetos e programas estão conectados com as operações.

A visão estratégica deve prever todo esse ciclo, considerando os estágios de pré-projeto, projeto e pós-projeto, pois consolida uma visão completa de um ciclo previsto para alguma coisa que será executada com recursos organizacionais. Para a tomada de decisão isso é fundamental. No passado, grandes empresas simplesmente ignoravam a transição para as operações – e, com isso, os projetos eram vistos como algo que não gerava valor para o negócio. Talvez! Como não possuíam as informações certas, não era possível medir e apresentar benefícios, resultados entregues e alinhamento estratégico ao negócio.

Fica claro por que as organizações cada vez mais deverão garantir o alinhamento estratégico de todo e qualquer projeto aprovado com o negócio.

Como fazer isso? **Projetos (programas e portfólio) com a mentalidade ágil.**

1.5. Considerações finais

1.5.1. Conclusões sobre estratégia

É preciso muita calma para as devidas análises que permitirão as decisões estratégicas finais da organização. Um simples fato não observado pode significar uma ameaça para todo o negócio ou até mesmo uma oportunidade que não será explorada de forma a potencializar ainda mais benefícios para a organização. Reflita sobre isso!

O "tempo", quando falamos de planejamento, é sempre tratado como "pouco", mas é possível compreender como é importante direcionar maior esforço e atenção a esta etapa.

O dia tem 24 horas para todos. Porém, gerir e aplicar adequadamente seus recursos considerando essa limitação torna-se um diferencial para o sucesso.

Neste livro, será considerada a decisão organizacional de uma grande empresa, porém o conceito se aplica a qualquer uma (pequenas e médias) que necessite de estratégia para sobreviver.

Felizmente, existem diversas práticas e ferramentas que são grandes facilitadoras nesse processo.

Vamos estudá-las a partir de agora.

1.5.2. Conclusões sobre o capítulo

Podemos perceber como os níveis executivo e operacional estão ligados e como é importante o desdobramento estratégico entre ambos. Sabemos que existem barreiras de comunicação, conflito de interesses, disputa de poder, dentre outros fatores que simplesmente colocam outros interesses à frente dos interesses da organização. A aplicação da prática de projetos, programa, portfólio e governança de forma estratégica combate esse tipo de barreira respeitando e colocando os interesses da organização acima de qualquer coisa.

Observe novamente a figura a seguir e veja se agora faz mais sentido do que antes de iniciar a leitura deste capítulo.

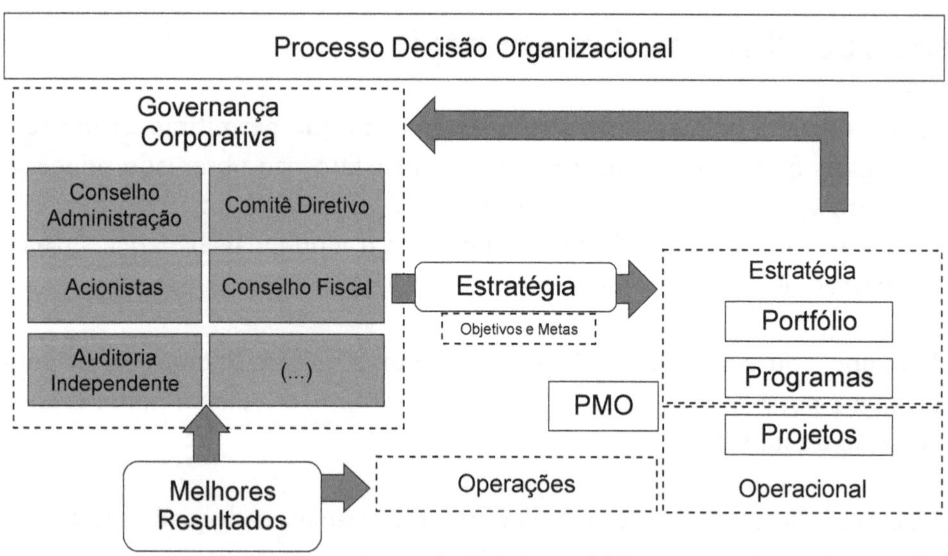

Figura 6. Desdobramento estratégico e organizacional.

Em resumo, neste capítulo observamos a importância do alinhamento estratégico, que inicia com a definição da estratégia a ser seguida com seus respectivos objetivos e metas, portfólio, programas e projetos definidos, onde cada entrega contribuirá com uma parcela para a sustentação, o desenvolvimento e o crescimento do negócio.

Estamos lidando com um processo "vivo" que necessita de alinhamento constante entre os atores envolvidos, ou seja, quem decide e quem implementa. Esta visão se aplica a qualquer negócio, desde uma *startup* até uma empresa de grande de porte.

Capítulo 2.
Visão sobre Projetos e Agilidade

Controle e velocidade caminham em direções opostas.

Quanto MAIOR o CONTROLE, MENOR a VELOCIDADE!
Quanto MENOR o CONTROLE, MAIOR a VELOCIDADE!

Carlos Augusto Freitas

Neste capítulo será apresentado o desdobramento prático (previsto) para uma gestão estratégica por meio de projetos e agilidade apresentando como eles estão conectados e possuem dependência entre si.

É importante assegurar o entendimento da visão estratégica com a aplicação dessas práticas de forma a vislumbrar soluções a serem usadas de forma simples e objetiva no dia a dia das organizações.

Não será detalhada a aplicação de cada um desses níveis.

2.1. Portfólio

O portfólio trata de todas as demandas candidatas a serem avaliadas dentro de uma série de processos. Tais demandas poderão ser autorizadas ou não conforme objetivos, benefícios, riscos, orçamento e outras informações apresentadas de acordo com um padrão definido pela organização às principais partes interessadas.

A forma como cada componente precisa ser estruturado deve partir de informações minimamente necessárias para quem de fato irá decidir aprová-lo ou não. Além disso, outras demandas que durante esse período de avaliação do portfólio estiverem em execução serão reavaliadas e analisadas, justificando sua viabilidade.

Como exemplo, podemos pensar no plano estratégico de uma organização sendo revisado durante o período de orçamento da empresa para o próximo ano. Serão considerados:

- Projetos concluídos (naquele ano).
- Projetos em andamento.
- Projetos cancelados e/ou suspensos.
- Projetos que aguardam o próximo ciclo de execução (em carteira).
- Novos projetos.

Cada um dos componentes irá competir para consumir os recursos de investimento previstos para o próximo ciclo de execução. A gestão de portfólio prevê a definição de critérios de seleção considerando os objetivos estratégicos da empresa para o próximo ciclo. A partir dessa definição, os componentes serão avaliados e categorizados em uma ordem de prioridade para o negócio.

Observe que, uma vez definida essa lista, a alta administração terá informações em um nível de detalhe que apoia a tomada de decisão em cenários que possam surgir a qualquer momento, como por exemplo:

- Cenário econômico de recessão.
- Novos produtos.
- Aumento de concorrência.
- Novos mercados.
- Alta da moeda estrangeira.
- Fornecedores.

A velocidade da mudança pelas quais as empresas passam diariamente é incrível e requer um modelo de gestão ágil que possa, de fato, apoiar a tomada de decisão emergencial; isso pode significar até mesmo suspensão de projetos em andamento e autorização de novos projetos emergenciais.

Um projeto que não possui importância em um dado momento pode da noite para o dia virar a principal prioridade da organização.

Com isso, podemos concluir que estruturar projetos muito longos representa riscos para a organização. É o caso de avaliar se devemos utilizar o conceito de programa. Entenderemos melhor a diferença entre programas e projetos mais à frente.

Veja um exemplo simples de priorização de uma carteira de projetos, considerando critérios definidos com base nos objetivos estratégicos e no esforço necessário de cada componente (projeto candidato):

NOME DO PROJETO / PLANO DE AÇÃO	PROGRAMA	CUSTO ESTIMADO	OBJETIVO 01 (PESO 40%)			OBJETIVO 02 PESO 30%			OBJETIVO 03 PESO 20%			CRITÉRIO 1 - ESFORÇO CAF (HH) 0 A 10 (PESO 10%)			RANK
			NOTA	PESO	PONTUAÇÃO	NOTA	PESO	PONTUAÇÃO	NOTA	PESO	PONTUAÇÃO	NOTA	PESO	PONTUAÇÃO	
PROJETO 01	MARKETING	R$ 23.000,00	10	0,4	4	5	0,3	1,5	5	0,2	1	3	0,1	0,3	6,8
PROJETO 02	NOVOS PRODUTOS 2016	R$ 45.000,00	0	0,4	0	10	0,3	3	10	0,2	2	10	0,1	1	6
PROJETO 03	NOVOS PRODUTOS 2016	R$ 17.500,00	0	0,4	0	10	0,3	3	10	0,2	2	10	0,1	1	6
PROJETO 04	MARKETING	R$ 35.000,00	10	0,4	4	0	0,3	0	5	0,2	1	5	0,1	0,5	5,5
PROJETO 05	NOVOS PRODUTOS 2016	R$ 25.000,00	0	0,4	0	10	0,3	3	5	0,2	1	10	0,1	1	5
PROJETO 06	NOVOS PRODUTOS 2016	R$ 53.000,00	0	0,4	0	10	0,3	3	5	0,2	1	10	0,1	1	5
PROJETO 07	MARKETING	R$ 47.000,00	10	0,4	4	0	0,3	0	5	0,2	1	0	0,1	0	5
PROJETO 08	COMERCIAL	R$ 19.500,00	5	0,4	2	0	0,3	0	10	0,2	2	7	0,1	0,7	4,7
PROJETO 09	COMERCIAL	R$ 29.000,00	5	0,4	2	0	0,3	0	10	0,2	2	5	0,1	0,5	4,5
PROJETO 10	COMERCIAL	R$ 63.000,00	5	0,4	2	0	0,3	0	10	0,2	2	5	0,1	0,5	4,5
PROJETO 11	MARKETING	R$ 45.000,00	5	0,4	2	0	0,3	0	0	0,2	0	5	0,1	0,5	2,5
PROJETO 12	MARKETING	R$ 45.000,00	5	0,4	2	0	0,3	0	0	0,2	0	0	0,1	0	2
	TOTAL	R$ 447.000,00													

Figura 7. Exemplo de um portfólio priorizado.

Essa priorização é essencial para a visão da alta administração, que definiu, através de critérios, o que é mais importante naquele momento para a organização.

Se colocarmos seis membros de uma diretoria para definir o que é mais importante, existem grandes chances de divergências, até porque as opções serão apresentadas de acordo com as necessidades atuais. Por exemplo, se perguntar para o diretor financeiro o que é mais importante no momento, a resposta será rever sua estrutura de pessoal, pois está com alto volume de demandas, além de apresentar pontos que necessitam do envolvimento de outras áreas para melhorar os serviços prestados por elas. Ou seja, para melhorar os serviços da sua área, ele vai precisar de informações que são disponibilizadas por outro departamento, justificando algum ponto que venha sendo cobrado pelo presidente (por exemplo).

É importante que a visão seja única e **integrada** e não individual, como se cada área fosse uma empresa diferente. Acredite, isso acontece muito!

A priorização de projetos determina e integra as necessidades de acordo com a realidade da organização.

2.1.1. Riscos do portfólio

Uma análise de riscos do portfólio necessita de visão ampla e alinhada aos objetivos estratégicos da organização. Nesse caso, é importante o envolvimento de profissionais com visão de mercado (por exemplo, inteligência competitiva). Portanto, a análise será muito mais ampla do que a gestão de riscos usada em projetos.

A capacidade de determinar oportunidades e ameaças para o negócio torna-se um diferencial para o sucesso de um plano estratégico.

Como objetivos da análise de riscos do portfólio, temos, entre outros:

- Capitalizar as oportunidades.
- Minimizar o impacto de ameaças.
- Responder a mudanças no mercado.
- Reforçar o foco em atividades operacionais críticas.

Essa análise deverá estar alinhada aos objetivos e às metas, sendo considerada na estratégia definida pela organização.

Nesse nível o impacto (tanto positivo quanto negativo) é muito maior, pois estamos falando do negócio da organização.

2.2. Portfólio e agilidade

No contexto da agilidade, um portfólio refere-se a um conjunto de projetos, programas, épicos* ou iniciativas organizacionais que são agrupados e geren-

* Épicos são unidades de trabalho maiores e de escopo mais amplo do que histórias de usuário individuais. É uma forma de agrupar as funcionalidades ou requisitos que estão além do escopo de uma única iteração ou *sprint*. Os épicos são frequentemente usados para descrever objetivos de alto nível ou iniciativas estratégicas que precisam ser divididas em partes menores para um melhor gerenciamento e execução. Os épicos são geralmente descritos em termos de valor de negócio ou valor do cliente que eles buscam entregar. Eles fornecem uma visão geral do que precisa ser alcançado e ajudam a priorizar o trabalho com base na importância estratégica e no retorno esperado. Uma vez que um épico é identificado, ele pode ser refinado em histórias de usuário menores e mais detalhadas que podem ser executadas em uma única iteração ou *sprint*. Essa divisão em histórias menores permite que o trabalho seja realizado incrementalmente, com *feedback* contínuo e entregas frequentes. É importante destacar que a definição de épicos pode variar. Algumas metodologias, como o *framework* SAFe® (*Scaled Agile Framework*), têm abordagens mais estruturadas para gerenciar épicos em níveis superiores de planejamento, como o nível do portfólio.

ciados como um todo. O portfólio representa o conjunto de investimentos estratégicos da organização e é usado para alinhar as iniciativas com os objetivos de negócio e otimizar o valor entregue.

O gerenciamento de portfólio ágil envolve a aplicação dos princípios e das práticas ágeis ao processo de seleção, priorização, planejamento e execução das iniciativas do portfólio. Ele se concentra em fornecer transparência, adaptabilidade e valor máximo ao longo do ciclo de vida das iniciativas.

A abordagem ágil de gerenciamento de portfólio se baseia em alguns conceitos-chave:

- **Visão clara:** define a direção estratégica e os objetivos do portfólio, garantindo que as iniciativas estejam alinhadas com a visão de negócios.
- **Seleção adaptativa:** as iniciativas são selecionadas com base em uma abordagem iterativa e adaptativa, avaliando continuamente as oportunidades emergentes, o valor estratégico e a capacidade da organização.
- **Priorização de valor:** as iniciativas são priorizadas com base no valor de negócio, considerando os benefícios esperados, os riscos e as restrições.
- **Ciclos de planejamento iterativos:** em vez de um planejamento detalhado e fixo, o gerenciamento de portfólio ágil adota abordagens iterativas e incrementais, permitindo que os planos sejam ajustados com base no *feedback* contínuo e nas mudanças do ambiente.
- **Gestão de capacidade:** avalia a capacidade e os recursos disponíveis para executar as iniciativas do portfólio, garantindo um equilíbrio adequado entre demanda e capacidade.
- **Aprendizado contínuo:** o gerenciamento de portfólio ágil incentiva a aprendizagem e a melhoria contínua, usando retrospectivas e *feedback* para aprimorar o desempenho do portfólio.

A abordagem ágil de gerenciamento de portfólio permite uma resposta mais rápida às mudanças e maximiza o valor entregue ao negócio. Ela promove a transparência, a colaboração e o alinhamento estratégico em todos os níveis da organização, permitindo que os recursos sejam alocados de forma eficaz e que as iniciativas do portfólio sejam entregues com sucesso.

2.3. Programas

Com a evolução das práticas de projetos ocorrida nas últimas décadas, foi observado que muitas vezes múltiplos projetos possuíam algo em comum, não no sentido de interdependência ou mesmo semelhança, mas no sentido de atender a um ou mais objetivos em comum.

Nesse caso (estrategicamente falando), realizar o agrupamento de projetos que atendem a um ou mais objetivos comuns de fato contribui significativamente para uma gestão eficaz, com geração de valor através do melhor uso de recursos disponíveis em múltiplas ações (projetos) que irão render benefícios para as organizações.

Sendo assim, programas são:

Um grupo de projetos gerenciados de modo coordenado para obtenção de benefícios e controles que não estariam disponíveis se eles fossem gerenciados individualmente.

As práticas de gestão de programas conseguem manter o alinhamento estratégico dos projetos com os objetivos do negócio.

Note que usei a palavra "manter". Não significa garantir. Ou seja, após autorização e início de execução de uma série de projetos é necessário entregar e ir liberando os benefícios previstos que irão contribuir para cada objetivo estratégico definido ao longo de um período.

Um ponto extremamente relevante e que muitas vezes passa despercebido é a existência de diversas ações que acontecem antes da aprovação do projeto (pré-projeto) e outras tantas que acontecem depois que o projeto é encerrado (pós-projeto). Gerentes de projetos, geralmente, não são envolvidos nesses estágios, o que dificulta a gestão estratégica, ou seja, quais são e como serão gerenciados os benefícios e objetivos estratégicos definidos para um projeto.

A visão estratégica, considerando todas essas etapas, torna-se um fator crítico de sucesso. É a conexão entre os níveis operacionais e estratégicos de uma organização.

2.3.1. Pré-projeto

Cada investimento deve ser avaliado através de informações básicas que apresentarão uma visão em alto nível, geralmente ilustradas em termos de abertura, apresentações executivas ou *business cases*.

Observe na próxima figura os estágios iniciais dos processos de gerenciamento de programas.

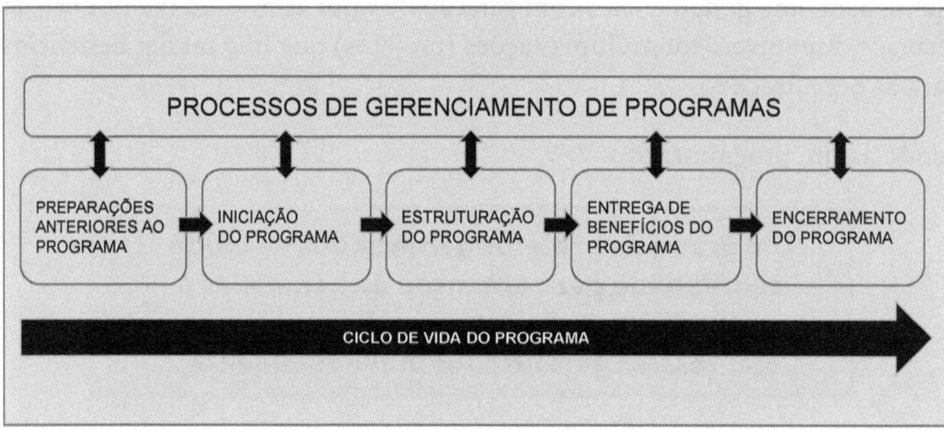

Figura 8. Ciclo de vida do programa (padrão programas do PMI).

Existe uma análise estratégica prévia para aprovar as ações (projetos), que então serão agrupadas para um melhor gerenciamento dos benefícios a serem entregues.

Esse tipo de análise envolve avaliar os seguintes itens, entre outros:

- *Business case.*
- Solução para o negócio.
- Metas para o programa (daqui sairão os indicadores, pois, se estamos falando de metas, logo teremos números para medir).
- Benefícios.
- Escopo do programa.
- Prazos.
- Orçamento.
- Riscos.

- Governança do programa.

Observe que estas informações estarão em alto nível, pois neste estágio nada foi definido e autorizado para iniciar o planejamento de cada projeto. Estamos aplicando práticas no alto nível da organização, portanto as informações deverão ser estratégicas.

2.3.2. Pós-projeto

Quando concluímos um projeto, sabemos que existe a prática de realizar a transição do(s) produto(s) final(ais) para as operações. Simples assim! Só que não!

Para o gerente de projetos, ou PMO responsável, pode ser o melhor momento – afinal, é menos um projeto para gerenciar. Porém, para a organização é um momento vital para o seu sucesso e futuro, pois as entregas irão aumentar a capacidade das operações em pelo menos um ou mais aspectos.

A organização inicia um novo estágio, que é suportar o produto, serviço ou resultado entregue pelo projeto. Isso é muito importante!

Isso envolve (mas não se limita a):

- Definir custo fixo mensal/anual para a manutenção.
- Definir quantas pessoas trabalharão na equipe de suporte (*headcount*).
- Incorporar essas novas funcionalidades ao negócio e consequentemente em sua força de vendas e equipe técnica.
- Avaliar o desempenho do novo produto, serviço ou resultado.

Como fazer isso?

Medição, por um período, dos benefícios.

Observe a importância da aplicação das práticas de programas.

Você compreende que tais definições a serem tratadas para o pós-projeto também precisam ser de conhecimento prévio das partes interessadas de alto poder e influência que aprovam o investimento? Gestão de programas é um meio para isso!

É importante deixar claro que, assim como qualquer plano e suas linhas de base, tais definições a serem apresentadas no período de "pré-projeto" irão sofrer uma série de alterações ao longo do tempo (que irão atualizar as definições originais); porém, é importante ter uma visão em alto nível do que vem pela frente após a entrega dos projetos. Isso é aplicar uma prática estrategicamente.

Para finalizar, consideramos:

- **Pré-projeto** – Neste período inicial, ocorre análise estratégica de informações de alto nível onde as principais partes interessadas participam e aprovam decisões em tempo presente.
- **Pós-projeto** – Neste período de transição, após a prestação de contas e o início de acompanhamento dos benefícios, as partes interessadas monitoram e avaliam o desempenho através das operações. Observe a importância de registrar as informações no estágio inicial do programa. Nesta etapa final, o tempo passou e muitas coisas aconteceram. Nada melhor do que possuir uma base a ser consultada que ilustra por que uma decisão foi tomada.

2.3.3. Processo de gerenciamento de programas

Os processos de gerenciamento de programas interagem a todo tempo com os processos de gerenciamento de projetos. Cada avanço de um projeto significa que um benefício ou objetivo estratégico pode estar sendo atingido de forma gradativa e incremental.

A realização e a consolidação de todos os projetos em execução irão alimentar, através de seus relatórios previstos na prestação de contas periódicas (às vezes realizados, por exemplo, por um PMO), a visão do programa.

Observe na figura essa interação.

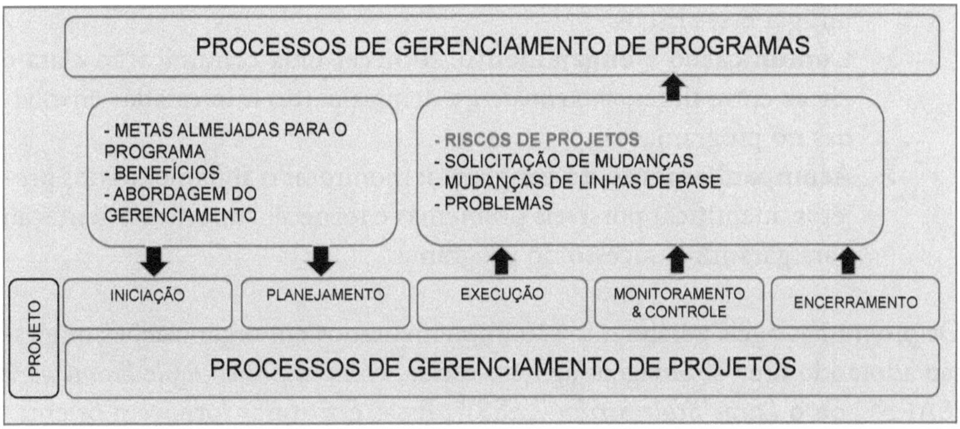

Figura 9. Interação entre processos de gerenciamento de programa e projetos.

2.4. Programas e agilidade

Em um contexto ágil, um programa geralmente envolve a coordenação de vários times ágeis que trabalham em conjunto para alcançar um objetivo compartilhado. Esses times podem ser chamados de equipes ágeis, equipes de desenvolvimento ou times de entrega, dependendo da terminologia e estrutura adotadas pela organização.

O programa é responsável por fornecer uma visão geral e coordenar os esforços dos times envolvidos para entregar valor ao negócio. Ele define metas claras, estabelece prioridades e fornece orientações estratégicas para garantir que os projetos estejam alinhados com os objetivos organizacionais.

Além disso, o programa pode ser responsável por atividades como:

- **Coordenação e sincronização:** garantir que os times estejam alinhados e colaborando efetivamente, evitando conflitos e redundâncias desnecessárias.
- **Gestão de dependências:** identificar e gerenciar as dependências entre os projetos e times, para minimizar os impactos negativos e garantir uma entrega integrada e coerente.

- **Gestão de riscos:** Identificar e gerenciar riscos que afetam o programa como um todo, monitorando e tomando ações adequadas para mitigar esses riscos.
- **Comunicação e engajamento:** fornecer uma comunicação clara e eficaz entre times, *stakeholders* e demais partes interessadas envolvidas no programa.
- **Acompanhamento do progresso:** monitorar o andamento dos projetos, identificar possíveis problemas e fornecer suporte e orientação para garantir o sucesso do programa.

Os programas ágeis geralmente são implementados em organizações que estão adotando uma abordagem ágil em escala, como o *Scaled Agile Framework* (SAFe®) ou o *Large-Scale Scrum* (LeSS)*. Essas estruturas fornecem orientações e práticas específicas para gerenciar programas de forma ágil, permitindo uma colaboração eficiente e uma entrega de valor alinhada aos objetivos estratégicos.

2.5. Projetos

Vamos pensar em duas visões:

Primeira visão – Pense em uma empresa que possui excelência de serviços, os clientes ficam encantados com a qualidade de seus produtos, que consequentemente tornam-se únicos. A empresa obtém vantagem competitiva sobre seus concorrentes.

Segunda visão – Vamos pensar em uma empresa que não possui excelência em seus produtos. Considere o caso de você adquirir um produto, não ficar satisfeito e gastar um tempo para resolver problemas com o produto adquirido.

Você consegue pensar nisso?

- Agora imagine o tempo gasto na resolução de problemas de produtos pelo lado do cliente (insatisfeito) ou mesmo internamente (usando recursos da organização).

---

* SAFe® e LeSS® são marcas registradas.

- Agora pense nessas horas gastas sendo quantificadas por semana de trabalho X o número de pessoas envolvidas.
- Agora pegue esse número é multiplique pela quantidade de semanas em um ano.
- Associe esse valor a uma cifra ($) para podermos ter uma "pequena" noção da quantidade de dinheiro gasto com problemas, retrabalho e outros fatores oriundos de projetos que não entregaram o que era realmente necessário.

Observe como o resultado de um projeto impacta todo o meio no qual está inserido – olhando pelo lado da organização, que é responsável pelo produto, resultado e/ou serviço, e pelo lado do cliente, que é o consumidor final.

Será que as empresas tratam projetos com a devida atenção e responsabilidade?

Em caso negativo, significa que faltam informações e entendimento do impacto que um projeto tem sobre o negócio. Não necessariamente seria irresponsabilidade, mas falta de conhecimento e análise sobre o assunto. Mostrar a percepção de valor é um desafio para os profissionais de gerenciamento de projetos.

Quando chegamos ao nível de projetos, de fato estamos falando em um estágio operacional; é neste nível que as coisas irão acontecer, ou seja, onde as entregas e/ou produtos serão construídos.

O papel do gerente de projetos, seja de maneira formal ou informal (algumas empresas não possuem um plano de carreira para GP), é observado e reconhecido em todo o lugar. Alguém definido pela organização deverá fazer este papel, ou seja, ser responsável por integrar processos, ferramentas e técnicas, pessoas (*stakeholders*) e fazer acontecer.

Um ponto a ser analisado é que a maioria dos gerentes de projetos do mundo (mesmo que pareça ousado falar e assumir) não possui total autonomia sobre todos os recursos aplicados e consumidos pelo projeto, ou seja, não toma decisões.

Com base nesse fato, fica evidente a importância do alinhamento com os níveis estratégicos da organização, visando compreender expectativas sobre o investimento e elementos a serem usados durante a prestação de contas na execução do projeto.

Vamos considerar algumas partes interessadas envolvidas:

Nível executivo – Estes *key stakeholders* são as pessoas que possuem alto poder e influência, ou seja, tomam decisões. Ao aprovar o investimento, após as devidas análises eles vão exigir cada vez mais, com maior qualidade e eficiência na execução do projeto. Precisam ter informações periódicas sobre como estão as coisas durante a execução dos projetos, principalmente "como e quanto dos recursos foram consumidos", "o que entregamos" e "o que falta" para concluir o projeto. Com essas informações começamos a entender que muitas vezes não é complicado se colocar no lugar de um executivo e entender que ele precisa de informações reais para tomar uma decisão.

Nível operacional – Os profissionais técnicos e/ou especialistas requerem cada vez mais estruturas que definam "o que é, de fato, para ser feito". Isso acontece porque são cobrados pelas suas atividades em aspectos como prazo, custo e qualidade, suportando a quantidade de mudanças oriundas de tais indefinições.

O cliente pode e deve pedir mudanças quando for necessário, porém cada uma delas vai impactar no prazo e no custo do projeto. Será que isso está claro para o cliente?

Aí vem a seguinte questão:

Como posso ser cobrado por algo que não está claro e definido pelo cliente?

Esse questionamento é realista, pois sabemos que uma das principais causas de fracasso em projetos é a falta de entendimento do escopo a ser entregue, que está relacionado diretamente à comunicação – ou seja, as ferramentas e/ou modelos utilizados não estão sendo eficientes para levantar as reais necessidades (requisitos) do projeto.

Além dos desafios impostos para a criação de uma cultura de gerenciamento de projetos, a integração com programas e portfólio e o alinhamento estratégico dos projetos aos objetivos empresariais apoiam essas definições sobre o que deve ser feito e qual o escopo previsto. Observe a importância disso!

Não basta somente possuir *templates* ou métodos supercomplexos; é preciso garantir o entendimento sobre o trabalho que deve ser feito. Não afirmamos que deva existir a perfeição; porém, precisamos pelo menos trazer satisfação às principais partes interessadas.

Gerente do projeto – Este papel integra os níveis operacional e estratégico da organização, necessitando de um modelo de comunicação adequado para falar a mesma coisa, porém de formas diferentes – afinal, um nível é técnico (operação) e o outro é executivo (resultados). Pensando estrategicamente, o GP aplica suas habilidades técnicas e comportamentais para colocar ambos os níveis na "mesma página" sobre o entendimento do trabalho a ser feito.

Atualmente, possuímos vários modelos, como abordagens ou métodos ágeis, *frameworks*, melhores práticas (como o *PMBOK® Guide*, do PMI) e metodologias específicas (como o PRINCE2®). São inúmeras opções para o especialista em gerenciamento de projetos, mas o desafio maior é mostrar a percepção de valor para ambos os níveis, executivo e operacional.

> **A aplicação de uma prática em uma organização só será efetivamente feita se quem a aplica conseguir ver valor nisso.**

Além dessas partes interessadas, existem outros *stakeholders*, como fornecedores, outras áreas internas envolvidas, clientes externos, grupos ou indivíduos, governos, enfim, qualquer pessoa que influencie os objetivos dos projetos de forma positiva ou negativa.

Tais partes interessadas também devem ser incluídas no trabalho de integração do gerente de projetos. Cada caso deverá ser analisado estrategicamente. Pode existir uma parte interessada que ofereça "baixo" impacto para os objetivos do projeto, podendo ser então ignorada. A concentração de esforço (energia) deve ser nas principais partes interessadas no projeto, que, na maioria das vezes e na maior parte do tempo, são os níveis executivo e operacional.

2.5.1. Tipos de ciclo de vida de um projeto

- Ciclo de vida
- Ciclo adaptativo
- Ciclo ágil
- Combinação híbrida

Os ciclos de vida descrevem etapas pelas quais um projeto passa desde a sua concepção até a conclusão. Ressalto que neste caso **etapa** não é a mesma coisa que fase do projeto.

As fases estão associadas à natureza do produto final. Exemplo:

FASE 1 – ESPECIFICAÇÃO
FASE 2 – DESENVOLVIMENTO
FASE 3 – CONSTRUÇÃO
FASE 4 –LANÇAMENTO

Existem diferentes modelos de ciclo de vida de projeto, e podemos citar cinco tipos principais:

2.5.1.1. Ciclo de vida preditivo

Conhecido também como ciclo de vida sequencial ou em cascata (*waterfall*).

Tabela 3. Ciclo de vida preditivo.

Características:	Este modelo segue uma abordagem linear e sequencial, com cada fase do projeto (como planejamento, design, implementação, testes e manutenção) sendo executada em uma ordem fixa.
Vantagens:	Estrutura clara, fácil de entender e gerenciar.
Desvantagens:	Pouca flexibilidade para acomodar mudanças durante o desenvolvimento.
Responde melhor a:	Escopo com BAIXA INCERTEZA. Exemplos: obras, mapeamento de processos etc.

2.5.1.2. Ciclo de vida incremental

Tabela 4. Ciclo de vida incremental.

Características:	O projeto é dividido em partes menores ou incrementos, cada um construído de forma independente e gradual. Cada incremento adiciona funcionalidades ao sistema.
Vantagens:	Permite entregas parciais e funcionais em etapas, facilitando a adaptação a mudanças de requisitos.
Desvantagens:	A complexidade de integração pode aumentar à medida que novos incrementos são adicionados.
Responde melhor a:	Escopo com MÉDIA INCERTEZA, ou seja, quando existem informações sobre o trabalho a ser feito, mas alguns itens podem não estar claros.

2.5.1.3. Ciclo de vida iterativo

Tabela 5. Ciclo de vida iterativo.

Características:	O desenvolvimento ocorre em iterações, cada uma passando por todas as fases do ciclo de vida. Cada iteração constrói sobre a anterior, permitindo revisões e ajustes contínuos.
Vantagens:	Maior flexibilidade para ajustar requisitos e melhorar a qualidade ao longo do tempo.
Desvantagens:	Pode resultar em custos mais altos devido à necessidade de revisitar fases anteriores em cada iteração.
Responde melhor a:	Escopo com MÉDIA INCERTEZA, ou seja, quando existem informações sobre o trabalho a ser feito, mas alguns itens podem não estar claros.

2.5.1.4. Ciclo de vida adaptativo

Tabela 6. Ciclo de vida adaptativo.

Características:	Incorpora elementos de ciclos de vida incremental e iterativo. O projeto é dividido em ciclos, cada um representando uma fase do desenvolvimento. Cada ciclo passa por planejamento, riscos, engenharia e avaliação. O escopo detalhado será aprovado antes do início de um ciclo.
Vantagens:	Abordagem flexível e adaptativa, foco na gestão de riscos.
Desvantagens:	Pode ser complexo e demorado.
Responde melhor a:	Escopo com ALTA INCERTEZA. Exemplos: projeto de inovação, pesquisa & desenvolvimento, software etc.

2.5.1.5. Modelo híbrido

Tabela 7. Modelo híbrido.

Características:	Combinação de métodos tradicionais e ágeis Utilização de ferramentas de automação e colaboração Ênfase em entrega contínua e incrementos iterativos
Vantagens:	• Flexibilidade para se adaptar a mudanças durante o ciclo de vida do projeto. • Melhor capacidade de gerenciamento de riscos. • Aumento da eficiência através da automação de processos repetitivos. • Melhor comunicação e colaboração entre equipes distribuídas. • Feedback constante dos stakeholders ao longo do ciclo de vida do projeto. • Capacidade de fornecer valor incremental de forma mais rápida.
Desvantagens:	• Pode ser complexo devido à necessidade de sincronizar diferentes abordagens. • Requer habilidades de gestão de projetos específicas. • Custos adicionais associados à implementação e manutenção das ferramentas. • Pode exigir treinamento adicional para equipes menos familiarizadas com tecnologias de automação. • Pode ser desafiador manter a qualidade do produto com entregas frequentes. • Requer uma gestão eficaz das expectativas dos stakeholders quanto às entregas incrementais.
Responde melhor a:	• Projetos que envolvem requisitos com frequentes mudanças. • Projetos com equipes distribuídas geograficamente. • Projetos que necessitam de rápida integração e comunicação entre equipes. • Projetos que exigem rápida adaptação a mudanças nos requisitos do cliente. • Projetos com prazos apertados e pressão para entregas frequentes.

Esses são apenas alguns modelos comuns de ciclo de vida de projeto, e a escolha do mais apropriado depende das características específicas do projeto, dos seus requisitos e das preferências da organização.

2.6. Melhores práticas

Ao falar de melhores práticas (recomendadas), pensamos no maior guia utilizado como referência pela maioria das organizações em todo o mundo, o *PMBOK® Guide* do *Project Management Institute* (PMI).

Vamos apresentar dois tipos de abordagem a serem aplicadas nos tipos de ciclo de vida de um projeto.

É importante ressaltar que essas abordagens são MEIOS diferentes de chegar até um resultado possível ou previsto. NÃO COMPETEM ENTRE SI!

2.6.1. Abordagem preditiva

Esta abordagem ilustra as áreas de conhecimento vitais, agrupadas em cinco processos, a saber:

- Iniciação.
- Planejamento.
- Execução.
- Monitoramento e controle.
- Encerramento.

As dez áreas de conhecimento são:

- Integração.
- Escopo.
- Tempo.
- Custo.
- Qualidade.
- Recursos humanos.
- Comunicação.
- Riscos.
- Aquisições.
- Partes interessadas.

Essas áreas, por sua vez, possuem 49 subprocessos que terão entradas (*inputs*, ou seja, "o que eu preciso"), ferramentas e técnicas ("como vou trabalhar") e saídas (*outputs*, ou seja, "o que vou produzir"). Chamamos estre *framework* de **MODELO DE GRUPO DE PROCESSOS**.

As ferramentas e técnicas aplicadas nas dez áreas são cada vez mais conhecidas pelos profissionais, pesquisadores e/ou estudantes de áreas afins em todo o mundo. A partir de agora vamos apresentar somente considerações relevantes sobre cada área. No Capítulo 3 deste livro será apresentada uma visão prática de algumas ferramentas e técnicas utilizadas no dia a dia das organizações.

2.6.1.1. Integração

Esta área trata do maior desafio do gerente de projetos junto à sua equipe e às principais partes interessadas, ou seja, INTEGRAR.

A integração é feita pelo alinhamento de todos através de um plano que deverá ser validado pelos principais envolvidos, simplesmente por apresentar uma visão com as informações minimamente necessárias para compreender o ESCOPO, TEMPO e CUSTO das demais áreas e como o projeto será gerido durante sua execução.

Como pontos importantes desta área podemos considerar:

- Termo de abertura do projeto.
- Plano de projetos e componentes auxiliares.
- Medições.
- Controle de mudanças.
- Termo de encerramento do projeto.

2.6.1.2. Escopo

Nesta área será necessário detalhar os objetivos do projeto em formato de um produto, serviço ou resultado final esperado, ou seja, materializar algo que possa ser medido e aprovado em uma visão final.

Quanto maior for o grau de detalhamento, melhor será a gestão do escopo. Um ponto importante é que nem sempre é possível, por questões de porte e complexidade do projeto, ou mesmo tempo dos recursos envolvidos, detalhar o escopo da forma como é recomendada nas melhores práticas. Este fato ocasiona uma série de fatores que impactam o projeto de forma negativa: volume de mudanças, retrabalho e falhas graves de comunicação.

Como pontos importantes desta área podemos considerar:

- Matriz de requisitos.
- Declaração de escopo.

- Estrutura analítica do projeto (EAP).
- Medições.
- Validação das entregas.

2.6.1.3. Cronograma (tempo)

Nesta área será necessário detalhar em atividades a estrutura do trabalho a ser feito para construção do produto, serviço ou resultado final esperado.

Quanto maior for o grau de detalhamento, melhor será a gestão das atividades. Um ponto de atenção é que existe uma dificuldade por parte da equipe técnica de compreender até que nível de detalhamento as atividades devem ser decompostas. Como dica, é importante detalhar uma entrega em atividades de um ou dois dias no máximo, para apoiar a gestão do trabalho a ser feito. Fatores que ocasionam atrasos em projetos podem ser previstos, desde que exista uma boa gestão das atividades detalhadas em um cronograma.

Como pontos importantes desta área podemos considerar:

- Lista de marcos do projeto (eventos significativos).
- Cronograma do projeto.
- Medições.

2.6.1.4. Custo

Nesta área será necessário determinar o orçamento ($ – gastos) a ser consumido pelo projeto, ou seja, para cada atividade detalhada é esperado um valor, que, somado, determinará o custo total do projeto.

Um ponto importante é que esse orçamento aprovado para o projeto deverá estar dividido em meses para o fluxo de caixa da organização. Lembre-se: só porque o projeto teve um orçamento de R$ 1.000.000,00 não significa que o dinheiro estará todo disponível na próxima segunda-feira. É importante para a área financeira da empresa receber a informação de quais gastos estarão previstos para cada mês durante o tempo total de execução do projeto.

Como pontos importantes desta área podemos considerar:

- Custo por entrega.
- Orçamento do projeto.
- Fluxo de caixa.
- Previsões financeiras.
- Medições.

2.6.1.5. Qualidade

Nesta área será necessário determinar quais ferramentas de qualidade serão utilizadas para inspecionar os processos de gerenciamento de projetos e o(s) produto(s) do projeto.

Devido ao tempo dos recursos envolvidos, essas práticas não recebem prioridade. De fato, isso é uma péssima justificativa. As organizações gastam uma quantia significativa de dinheiro para retrabalho e outros problemas oriundos da falta de qualidade em serviços e produtos. Esse valor é pago independentemente de estar aprovado ou não. Com as práticas estabelecidas, é possível trazer ganhos em curto espaço de tempo. Trata-se de uma grande oportunidade para redução de custos.

É importante considerar a inspeção das entregas e a avaliação contínua dos processos de gerenciamento de projetos. A melhoria contínua que apoia diretamente o desenvolvimento organizacional em projetos, programas e portfólio é suportada pelas práticas de qualidade.

Como pontos importantes desta área podemos considerar:

- Indicadores.
- Evidências das entregas (para comparação do planejado com o realizado).
- Ferramentas de qualidade.

2.6.1.6. Recursos

Nesta área será necessário determinar quais serão os recursos (incluindo pessoas) envolvidos no trabalho a ser realizado pelo projeto. Exemplos de recursos:

- PESSOAS
- EQUIPAMENTOS
- MATERIAL
- TEMPO
- DINHEIRO
- DADOS & INFORMAÇÃO

Áreas diferentes da organização deverão ser integradas, pois estarão envolvidas nas atividades do projeto, além de considerar também recursos humanos externos que possam participar através, por exemplo, de consultoria ou mesmo de serviços externos contratados.

Como pontos importantes desta área podemos considerar:

- Matriz de recursos humanos.
- Matriz de alocação de recursos.

2.6.1.7. Comunicação

Nesta área será necessário determinar a forma e os modelos de comunicação, um dos itens mais críticos de um projeto. Espera-se que um gerente de projetos tenha a capacidade de se comunicar com as principais partes interessadas usando uma linguagem adequada. Em muitos casos é necessário falar a mesma coisa, mas de formas diferentes.

Um ponto a destacar é que as práticas desta área apoiam a integração do projeto. Pensando em um modelo de governança, falando especificamente de prestação de contas, entendemos que este é um momento crítico, pois a comunicação deverá suportar a tomada de decisão do projeto, o que determinará ou não o sucesso esperado pela decisão de um *key stakeholder*.

Como pontos importantes desta área podemos considerar:

- Matriz de comunicação (quem fala, quando, por qual período, como e com quem).
- Relatórios (que deverão ser customizados de acordo com a expectativa das partes interessadas).

2.6.1.8. Riscos

Nesta área será necessário determinar como os riscos serão identificados e como suas respectivas respostas serão gerenciadas. A disciplina de riscos torna-se um diferencial competitivo simplesmente porque lidar com incertezas pode trazer resultados negativos ou positivos ao projeto; para isso, é importante estruturar essa visão de acordo com o porte e a complexidade do projeto.

Para a tomada de decisão, uma avaliação de riscos torna-se fundamental para aprovação ou não de algo. A maturidade da organização sobre o tema poderá conectar a análise de riscos de um projeto aos objetivos maiores da organização.

Como pontos importantes desta área podemos considerar:

- Matriz de riscos identificados.
- Plano de resposta aos riscos.

2.6.1.9. Aquisições

Nesta área será necessário determinar como será o processo de análise, avaliação, seleção e gestão de fornecedores envolvidos no trabalho do projeto.

Um ponto importante é usar mecanismos que garantam um nível de qualidade mínima esperada para o trabalho do fornecedor. Quando essas necessidades não são levantadas corretamente através de uma análise interna, usando até mesmo política e procedimento de seleção de fornecedores, o projeto pode ser prejudicado.

Como pontos importantes desta área podemos considerar:

- Processo de seleção de fornecedor(es).
- Contrato.
- Medições.

2.6.1.10. Partes interessadas

Nesta área será necessário determinar como a expectativa das partes interessadas do projeto deverá ser gerenciada. Isso envolve entender como é o pensamento de um indivíduo que exerce influência sobre os objetivos do projeto.

Um ponto fundamental é que determinados modelos a serem utilizados pelos projetos, como relatórios, devem ser construídos a partir dessas expectativas (é a segunda vez que falo sobre isso), e não sob a perspectiva do profissional de gerenciamento de projetos envolvido. Perceba a importância disso.

Como ponto importante desta área podemos considerar:

- Matriz de partes interessadas.

2.6.2. Abordagem ágil

Uma abordagem ágil refere-se a um conjunto de princípios (conforme falado no Capítulo 1) e práticas que visam tornar a gestão de projetos de mais flexível, colaborativa e adaptativa.

A metodologia ágil coloca uma ênfase significativa na entrega incremental de um produto, respondendo rapidamente às mudanças nos requisitos e promovendo a colaboração efetiva entre os membros da equipe.

A abordagem ágil é baseada no Manifesto Ágil, que foi criado em 2001 por um grupo de especialistas em desenvolvimento de software.

Aqui estão os princípios-chave de uma abordagem ágil:

1. **Indivíduos e interações mais que processos e ferramentas:** a ênfase está na comunicação aberta e na colaboração entre membros da equipe. As interações pessoais são valorizadas mais do que depender estritamente de processos e ferramentas.
2. **Software em funcionamento mais que documentação abrangente:** a principal medida de progresso é o software funcional entregue. Embora a documentação seja importante, a prioridade é dada à entrega de valor tangível ao cliente. Embora a ênfase seja em software, podemos associar este princípio a um PRODUTO, seja ele qual for.
3. **Colaboração com o cliente mais que negociação de contratos:** a abordagem ágil promove uma colaboração contínua e interativa com os clientes ao longo do projeto. Isso permite ajustes frequentes para garantir que o produto final atenda às necessidades reais do cliente.
4. **Responder a mudanças mais que seguir um plano:** a agilidade reconhece a inevitabilidade de mudanças nos requisitos e nas prioridades ao longo do tempo. Os processos ágeis são projetados para serem flexíveis e capazes de se adaptar a essas mudanças.
5. **Entregas incrementais e iterativas:** o desenvolvimento é dividido em iterações curtas e mensuráveis, geralmente chamadas de *sprints* em metodologias ágeis como o *Scrum*. Cada iteração resulta em uma entrega incremental de funcionalidades utilizáveis.
6. **Auto-organização e times multifuncionais:** as equipes são incentivadas a se auto-organizar e são compostas por membros com habilidades diversas para que possam colaborar efetivamente e assumir responsabilidades.
7. **Testes contínuos e integração:** a qualidade é incorporada ao processo desde o início, com testes contínuos e integração sendo realizados regularmente ao longo do ciclo de desenvolvimento.
8. **Revisões regulares e ajustes constantes:** as práticas ágeis incluem reuniões regulares de revisão e retrospectiva, nas quais a equipe analisa o que foi feito, ajusta o curso conforme necessário e planeja as próximas iterações.

Metodologias ágeis populares incluem *Scrum*, *Kanban* e *Extreme Programming* (XP). Essas abordagens são amplamente utilizadas em desenvolvimento de software, mas seus princípios também foram aplicados com sucesso em outras áreas, como gerenciamento de projetos e negócios.

Com a evolução das práticas, hoje é possível aplicar diversas ferramentas e técnicas de abordagens ágeis em projetos de outras áreas (além de tecnologia) como engenharia, saúde e turismo.

2.7. Considerações finais

As práticas aplicadas nos níveis de projetos, programas e portfólio, com mentalidade ágil, deverão estar conectadas e alinhadas para dar suporte à tomada de decisão das principais partes interessadas de uma organização.

Uma das principais dificuldades enfrentadas pelos profissionais envolvidos em projetos nas organizações é engajar e obter o comprometimento dos *key stakeholders*. O estabelecimento dessas práticas nos três níveis irá permear todos os níveis hierárquicos da empresa, o que de certa forma é o início de uma ação efetiva *e prática* para envolver a alta administração.

Precisamos compreender (e não esquecer) que existe muita diferença entre uma prática recomendada ou "melhor prática" que diz "o que deve ser feito" e, por exemplo, uma metodologia que contém um passo a passo ou o "como deve ser feito". Trazer uma abordagem prática de um universo recomendado não é algo simples, mas devemos lembrar que as expectativas das partes interessadas podem ser um ótimo início para começarmos do "zero" ou mesmo rever e atualizar algo que já fizemos e não faz mais sentido ou não tem a mesma eficiência que já teve um dia.

A melhoria contínua nos ajuda e orienta no sentido de ficarmos atualizados e prontos para responder às mudanças organizacionais.

Outro ponto importante é compreender a diferença entre programas e projetos. Para simplificar, use o seguinte raciocínio: "projeto libera benefícios somente quando os produtos são entregues, ou seja, somente no final. Programas liberam benefícios durante sua execução, na medida em que os projetos de sua estrutura são concluídos".

O mercado dispõe de uma série de práticas, ferramentas e técnicas dos mais diversos níveis, ou seja, isso não é mais um problema para os tempos atuais (temos muito mais do que precisamos).

A capacidade de adaptação e criação de soluções de valor para a gestão estratégica por meio de projetos e agilidade é o diferencial dos profissionais.

Capítulo 3.
Práticas para a Gestão Estratégica

Na implementação estratégica não podemos confundir MOVIMENTO com PROGRESSO.

Carlos Augusto Freitas

Neste capítulo apresentaremos algumas práticas, ferramentas e técnicas que foram (e ainda são) aplicadas em soluções no dia a dia da gestão estratégica em vários tipos de organizações.

Os profissionais de projetos precisam buscar, analisar e elaborar soluções que irão ajudar a resolver os problemas enfrentados diariamente pelas organizações.

A gestão de projetos e agilidade será o MEIO aplicado para chegarmos no resultado e aferirmos a estratégia (totalmente, parcialmente ou de maneira nula).

Assim como qualquer desafio proposto neste cenário, a solução poderá ser:

- **Contorno** – Resolve o problema parcialmente, porém, fica o ponto de atenção de que este caminho poderá gerar novos problemas. É o que chamamos de "síndrome do bombeiro", ou seja, apagador de incêndio. Olhando pela visão estratégica, este caminho traz desperdícios de tempo e dinheiro simplesmente porque não será capaz de apoiar a tomada de decisão. É uma solução "reativa", ou seja, acontece depois do problema.
- **Definitiva** – Elimina a causa-raiz do problema. Soluções como esta são as mais esperadas por parte dos *key stakeholders*. Este caminho traz muitos benefícios às organizações, pois estamos falando em redução de retrabalho, de custos, aumento de desempenho, qualidade etc. Trata-se de uma solução "proativa", ou seja, à frente de potenciais problemas.

Pensando em seu dia a dia, considero uma das principais dicas deste livro...

Seja simples... simplifique... faça bem o básico!

Cole o texto a seguir em algum lugar para que você não se esqueça disso nos próximos meses, até que consiga ter naturalmente uma atuação com essa abordagem.

- **Seja simples** – Busque construir soluções com objetivos claros e simples.

- **Simplifique** – Não pense que uma metodologia de gerenciamento de riscos vai funcionar bem considerando que a organização não consegue gerenciar basicamente ESCOPO, TEMPO e CUSTOS. Se seus modelos e processos estão pesados e complexos, faça uma "limpeza" e traga a agilidade organizacional. Com certeza teremos "ganhos" em um curto espaço de tempo.
- **Faça bem o básico** – Responda a essa pergunta: **"Do que de fato a empresa precisa, em nível de informação, para gerenciar um projeto e apoiar a tomada de decisão?"**

Faça uma reflexão e responda a si mesmo de forma honesta e sincera. Será que o que você pretende construir nos próximos meses será usado por todos os envolvidos? Um dos recursos mais escassos, conforme falado anteriormente, é o TEMPO, então gaste-o fazendo coisas simples e que irão suportar a necessidade básica. Em algumas das empresas que trabalhei lembro-me de, nos *templates* utilizados, existirem informações sobre RISCOS MAPEADOS e REALIZAÇÕES DA ÚLTIMA SEMANA. Depois de muito tempo e quase um ano gerando relatórios, chegamos à conclusão de que nenhum executivo usava as informações. Havia perda de credibilidade na gestão de riscos e as realizações da última semana não tratavam de nenhuma informação estratégica para os executivos.

O que foi feito? Retiramos do relatório! Precisamos entender as expectativas das partes interessadas para construir soluções que irão suprir as necessidades da efetiva prestação de contas. Estou apenas reiterando essa informação.

Cada plano de ação, iniciativa ou projeto estratégico irá contribuir para o resultado e... a ESTRATÉGIA!

A partir de agora apresentaremos algumas ferramentas e técnicas que podem auxiliá-lo na construção de soluções. Boa sorte!

3.1. Envolvimento da alta administração

Esta ação torna-se um dos principais desafios dos profissionais da atualidade. Envolver e engajar um grupo executivo de uma organização não é uma tarefa fácil, por conta das barreiras existentes entre a diretoria e a área operacional. Quanto maior for a empresa, maior será o esforço (reflita sobre isso).

O relacionamento do gerente de projetos com *key stakeholders* (alta administração) muitas vezes nem existe, por estarem em diferentes e distantes níveis hierárquicos, ocasionando uma série de fatores que impactam qualquer plano de projeto, independentemente do seu nível de detalhamento.

Na Figura 1, onde observamos o processo de decisão organizacional, podemos entender claramente essas barreiras.

Imagine um prédio de vinte andares. O nível operacional está nos dois primeiros andares e a alta administração está no vigésimo; temos 18 andares intermediários que deverão ser superados para iniciar uma comunicação efetiva entre esses níveis.

Independentemente das barreiras, a conexão entre os níveis operacional e estratégico sempre será necessária. Enquanto um determina as estratégias através de decisões, o outro vai executar as ações, envolver a tomada de decisão estratégica (quando necessário) e entregar resultados para o cumprimento dos objetivos determinados. É um ciclo iterativo.

Existe muita dúvida sobre como fazer o engajamento da alta administração de forma efetiva. Considero dois pontos importantes, a saber: RITUAIS DE GESTÃO e PERCEPÇÃO DE VALOR.

3.1.1. Rituais de gestão

Rituais de gestão definidos e estruturados são uma forma de envolver a alta administração para que o processo apoie a tomada de decisão através de informações reais e estratégicas que ajudam a envolver os executivos, principalmente pela necessidade de prestação de contas (em um maior nível) a outras partes interessadas de alto poder e influência, como um presidente, CEO ou Conselho de Administração.

Anteriormente apresentamos o relacionamento entre projetos, programas e portfólio. É preciso que esses rituais de gestão façam a conexão entre todos os níveis hierárquicos envolvidos.

Vamos considerar quatro tipos de reuniões:

Reunião 01 – Projeto
Nesta reunião será apresentado o avanço físico financeiro do projeto considerando informações importantes para os próximos passos, como riscos, previsões, pontos de atenção, decisões, dentre outros. O resultado final será registrado e consolidado para a apresentação ao patrocinador.

Reunião 02 – Programa
Nesta reunião será apresentada uma visão consolidada dos status dos projetos (reunião 01) agrupados do programa, considerando informações importantes para os próximos passos do programa, como riscos, previsões, pontos de atenção etc. O resultado final será registrado e consolidado para a apresentação ao patrocinador (executivo), que poderá tomar decisões sobre os projetos. Neste nível iniciamos o envolvimento de um executivo. Mesmo que a empresa não trabalhe com programas, poderia ser feita uma reunião com o principal responsável (um gerente executivo ou mesmo um diretor).

Reunião 03 – Corpo Diretivo
Nesta reunião será apresentada uma visão de alto nível com os principais pontos de atenção dos projetos críticos, considerando decisões tomadas na reunião 02 e os status dos projetos da reunião 01. Neste nível serão necessárias outras decisões que requerem uma alçada maior que a do executivo responsável pelo programa. Neste nível também devem ocorrer as revisões periódicas das carteiras, considerando a priorização de projetos através da disponibilidade dos recursos envolvidos no momento atual da organização.

Reunião 04 – Conselho de Administração
Nesta reunião serão apresentados os resultados preliminares, as informações de orçamento da carteira e as próximas realizações. Neste nível está a maior tomada de decisão da empresa. Observe que as informações começaram no nível operacional (reunião 01) e chegaram até aqui em uma visão estratégica.

Veja a próxima tabela:

Tabela 8. Rituais de gestão.

Tipo de reunião	Quem	Quando
Reunião 01 – Projeto	**Líder de projeto** e equipe	Semanal
Reunião 02 – Programa	**Executivo (patrocinador) do programa ou área**, líderes de projetos e equipe (não necessário)	Quinzenal
Reunião 03 – Corpo Diretivo	**Corpo Diretivo (executivos)** e PMO ou responsáveis pela carteira de projetos	Mensal
Reunião 04 – Conselho de Administração	**Presidente, CEO e Conselho de Administração**	Mensal

Com esse mapeamento temos o básico para iniciar a operação desses rituais de gestão. Com o tempo, poderão ser aplicadas melhorias, como, por exemplo:

- ➢ Padronização de relatório (para cada tipo de reunião).
- ➢ Modelo de atas.
- ➢ Acompanhamento do desdobramento de decisões.
- ➢ Ajustes na periodicidade.

Em algumas empresas nas quais trabalhei com implantação de escritório de projetos, inicialmente todos os projetos deveriam ter uma reunião por semana, ou seja, se a carteira tivesse cinquenta projetos seriam cinquenta reuniões. Com o tempo, a alta administração concluía (isso aconteceu em mais de uma empresa) que uma semana era pouco para registrar os avanços dos projetos, ou seja, o tempo gasto (esforço) para realizar a reunião parando o líder de projeto e a equipe técnica toda semana não se justificava, pois era muito pouco o avanço e, além disso, a reunião sempre entrava em questões técnicas que gastavam muito tempo, sem produtividade. Com a definição de objetivos e do que é esperado, temos um foco maior em resultados.

O mais importante é apresentar um modelo com o básico e fazer a primeira rodada; melhorias serão aplicadas com o passar do tempo e conforme a necessidade. Outro exemplo prático que posso citar foi em uma empresa onde levamos um ano para estruturar o modelo de relatório ideal para o corpo diretivo. Isso é necessário para qualquer prática que seja aplicada junto à alta administração.

Um processo que gera decisões, como, por exemplo, uma reunião executiva, precisará ser realizado pelo menos dez vezes até que atinja uma visão ideal para os envolvidos.

Isso também se aplica às práticas de projetos, programas e portfólio.

3.1.2. Percepção de valor

Quantas vezes você ouviu que é importante mostrar a percepção de valor para o nível executivo? Todos sabem que isso está entre os nossos principais desafios do dia a dia, pois a falta dessa percepção em um momento de crise pode comprometer a existência da sua área.

Qualquer prática aplicada somente será consolidada em uma organização se quem a aplica conseguir ver seu valor.

Para isso são necessários conhecimento e experiência em sua aplicação, algo que somente com o tempo e a execução prática será possível conseguir.

Um fator que cria a barreira é a pressão exercida diariamente por resultados em um curto período, ou seja, não há tempo suficiente para definir, implantar e executar um processo que possa ganhar maturidade com o avanço do tempo. Com isso, precisamos de modelos que consigam suprir essa expectativa para trazer ganhos em um curto período. Veja aqui o conceito de agilidade organizacional.

Uma das formas de entender como fazer isso na prática é através das expectativas de um executivo. Em um dos eventos de que participei (um fórum internacional sobre escritório de projetos – PMO), tivemos um painel com quatro executivos *C-level* em que fui o moderador. Fiz uma pergunta sobre quais seriam suas expectativas relacionadas a práticas de projetos e estratégia coordenados por uma área que poderia ser um PMO (escritório de projetos) ou não.

As expectativas dos CEOs com relação ao PMO

- Prestação de contas com informações corretas (e reais) para "report", por exemplo, ao conselho de administração.
- Alinhamento com os objetivos estratégicos:
  - ✓ Ações através de projetos alinhados à estratégia.
  - ✓ Prestação de contas com informações corretas.
  - ✓ Avaliação contínua da viabilidade do projeto junto à estratégia.
  - ✓ Autonomia de atuação. Caso não possua, buscar, justificar e conquistá-la.
- Ambiente desafiador, pois tira as pessoas da "zona de conforto".
- Para implantação de um PMO, iniciar por áreas que já são culturalmente orientadas a projetos (exemplo: TI) e depois expandir para outras áreas que não possuem a visão de projetos (exemplos: marketing, comercial, financeira etc.).

As dificuldades para o alinhamento estratégico com a carteira de projetos

- Comunicação clara da estratégia para a organização é responsabilidade primária do executivo. Porém, é preciso que o profissional de PMO vá atrás dessas informações.
- O PMO precisa ser crítico. Analisar e questionar com embasamento técnico/estratégico. É importante sinalizar riscos ou possíveis desvios.
- Apoio à tomada de decisão.
- Comunicações constantes (avaliação).
- Revisão periódica da estratégia.

Habilidades necessárias aos profissionais de PMO

- Comunicação/análise crítica/gestão de mudanças/gestão de conflitos.
- Conhecimento do negócio, além de boa base de formação (MBA, certificações como CAPM®, PMP®, PRINCE2®).
- Ser apaixonado pela profissão.
- Capacidade de garantir aderência dos projetos à estratégia.
- Aportar riscos.

Agora analise e avalie essas colocações com o que estudamos neste livro até aqui. Faz sentido? Observe que as coisas descritas nas expectativas estão conectadas e alinhadas.

A percepção de valor somente será atingida se essas expectativas forem atingidas.

O mesmo vale para compreender o VALOR para o nosso cliente final, ou seja, quem consome PRODUTOS e SERVIÇOS de uma organização.

3.2. Engajamento de outras partes interessadas

Conforme observado na leitura deste livro, o termo "partes interessadas" (*stakeholders*) foi citado várias vezes e isso não é por acaso. Em qualquer projeto, independentemente de tamanho, porte ou complexidade, você, seja como membro de equipe ou mesmo como gerente de projetos, estará lidando diariamente com pessoas que podem exercer influência sobre todo o projeto, levando em conta o seu grau de poder X influência do cenário e o ambiente no qual o projeto está inserido.

Considere importante a estratégia de conhecer e identificar essas pessoas e abordá-las sempre com uma postura ética e profissional, passando segurança, retratando a realidade dos fatos (isso é muito importante) e conquistando a confiança diariamente de tais indivíduos. O "lidar com pessoas" é algo muito valioso para um profissional. Conhecer as pessoas da sua organização aumenta as suas chances de definir e executar uma estratégia, seja de maneira formal ou informal, para lidar com elas. Essas partes interessadas podem se tornar aliadas estratégicas do seu projeto.

Tão importante quanto elaborar a visão de sua estratégia é se preocupar com as pessoas que irão executá-la, pois é nesta etapa (implementação) que as coisas irão se materializar e o resultado será aferido.

3.3. Políticas e procedimentos

Do ponto de vista corporativo, uma **política** trata de um conjunto de programas, ações e atividades sobre um tema que foi aprovado por uma (ou várias) parte interessada de alto poder e influência. Essa política deve ser seguida por todos os envolvidos. Possui alto grau de formalismo.

Exemplos:

- Política financeira.
- Política de recursos humanos.
- Política de reembolso.
- Política de dados e informação.

Um **procedimento** trata de um conjunto de ações e atividades desenvolvidas para suportar algum processo previsto em alguma área técnica da organização.

Exemplos:

- Procedimento de cadastramento.
- Procedimento para participação em licitações.
- Procedimento para linha de produção de materiais plásticos.
- Procedimento para solicitação de mudança.
- Procedimento para compras.

Políticas e procedimentos podem estar relacionados entre si, a principal diferença é o grau de formalização que a política possui internamente. Consequentemente, o grau de exigência de sua aplicação pode significar até penalidades pelo não cumprimento.

Ambos suportam o processo de governança corporativa e devem ser levados em consideração na elaboração de um modelo de gestão, até porque vão impactar nos processos de tomada de decisão. Por exemplo, se na política financeira da organização estiverem descritas as alçadas de aprovação financeira por faixa de valor, essa informação deverá estar alinhada com a gestão de orçamento estabelecendo "quem" aprova "o quê" em até "qual" valor.

3.4. Modelos de negócios

Vamos relembrar qual a conexão entre gestão de projetos e modelos de negócios?

Para começar, existe uma grande confusão entre os seguintes conceitos sobre estratégia:

- Desenho da estratégia: visão da estratégia de uma empresa em perspectiva futura.
- Planejamento da estratégia: elaborar o "como fazer" a implementação da estratégia da organização.
- Plano de negócio: planejamento da operacionalização de uma potencial ideia em forma de negócio.
- Modelo de negócio: representações abstratas que descrevem como uma empresa cria, entrega e captura valor.

Ou seja, não são terminologias que se referem a um mesmo conceito. São realmente significados bem diferentes.

Esse equívoco acontece porque o próprio entendimento da estratégia corporativa está sendo misturado com diferentes tipos de projetos ou com ações pontuais que representam apenas uma fração de uma estratégia maior.

No caso do modelo de negócio, quando falamos em criar, entregar e capturar valor, a gestão de projetos é fundamental nesse processo, pois é por meio de um projeto que a empresa poderá, por exemplo, desenvolver um novo produto ou serviço, receber *feedback* de clientes através de UX (captura da experiência do cliente) e aplicar melhorias para aumentar a capacidade de entregar valor ao cliente final.

Umas das razões pelas quais acho que o conceito de PLANEJAMENTO ESTRATÉGICO é ultrapassado é exatamente porque nos remete a olhar somente o PLANO. Daí vêm as perguntas: e a EXECUÇÃO ESTRATÉGICA? E A MEDIÇÃO? E AS REVISÕES? E OS REGISTROS DAS DECISÕES AO LONGO DO CICLO DE EXECUÇÃO?

Pense e reflita sobre isso!

3.5. P.E.S.T.L.E.

- PESTLE é um acrônimo de Político, Econômico, Social, Tecnológico, Legal e Ambiental (do inglês *Environmental*).
- Identifica fatores macroambientais utilizados na varredura do ambiente externo.
- É uma ferramenta estratégica para entender o crescimento ou declínio do mercado, a posição do negócio, o potencial e a direção das operações.

Faça uma tabela e avalie fatores externos que possam influenciar a sua organização.

P (Político)	E (Econômico)	S (Social)	T (Tecnológico)	L (Legal)	E Ambiental (*Environmental*)
Estabilidade do governo Recessão global (prevista)	Crescimento econômico Taxa de Emprego Inflação global Política monetária Desvalorização da moeda	Distribuição de renda Aumento do desemprego	Mudanças na tecnologia (*app*, B2B)	Taxa de remessa Legislação do trabalho (MEI, "pejotização")	

Observe como em uma única visão fatores externos podem abrir debates e reflexões e com isso definir ações estratégicas em resposta a esses fatores.

3.6. Análise SWOT

Estudo feito nas empresas para identificar fatores internos e externos que atuam sobre elas, apontando as oportunidades que poderão ser desenvolvidas em potencial.

A sigla SWOT vem do inglês *Strengths*, *Weaknesses*, *Opportunities*, *Threats*, ou seja, forças, fraquezas, oportunidades, ameaças.

A ferramenta é utilizada para identificar as forças e fraquezas de uma organização – fatores relacionados à posição presente – e também as ameaças e as oportunidades – fatores futuros.

Normalmente, é organizada em grupo, em uma ampla discussão entre os participantes.

Como exemplo, apresentamos a tabela a seguir:

Tabela 9. Exemplo de matriz SWOT.

Forças	Oportunidades
Qualidade do produto	Aumento na demanda
Alta lucratividade	Concorrência com dificuldades
Pesquisa e desenvolvimento forte	Clientes de outras categorias
Fraquezas	**Ameaças**
Custo da matéria-prima importada (moeda estrangeira)	Crise econômica
Logística deficiente	Câmbio instável
Marketing deficiente	Concorrência com preços baixos

As relações entre os aspectos internos e externos da matriz SWOT resultam em quatro situações distintas que irão orientar a definição das estratégias, conforme apresentado na tabela a seguir.

Tabela 10. Determinação da estratégia a partir da matriz SWOT.

	Oportunidade	Ameaça
Força	**Alavancagem:** ocorre quando uma oportunidade encontra um ou mais pontos fortes da organização, permitindo que se possa tirar proveito da situação.	**Vulnerabilidade:** ocorre quando existe uma ameaça, mas a organização possui um ou mais pontos fortes para neutralizar ou anular seus efeitos.
Fraqueza	**Limitações:** ocorre quando uma oportunidade não pode ser aproveitada devido a um ou mais pontos fracos da organização.	**Problemas:** ocorre quando uma ameaça encontra um ou mais pontos fracos.

De fato, temos uma ferramenta de fácil utilização que apoia a elaboração da estratégia a ser seguida pela organização.

3.7. Mapa de benefícios

Um dos principais modelos do método PRINCE2® é o Plano de Revisão de Benefícios. Trata-se de uma ferramenta simples que mostra como está o desempenho de produtos concluídos por projetos e que liberam benefícios para a organização.

Um Plano de Revisão de Benefícios é usado para definir como e quando uma medida da realização dos benefícios do projeto, prevista por um gestor, pode ser feita. O plano é apresentado ao patrocinador do programa e/ou a um executivo e utilizado no pós-projeto.

O plano precisa descobrir se os benefícios esperados pelos produtos foram realizados.

Após a transição dos produtos para as operações, cada benefício previsto será monitorado e medido, avaliando se os objetivos determinados no estágio inicial (pré-projeto) foram cumpridos ou não e se há necessidade de realizar alguma atividade extra para alcançar e/ou aumentar os resultados.

É importante esclarecer que isso não se aplica somente a programas; caso sua organização não use esse conceito, aplique o modelo em projetos. Determine e estabeleça as regras de medição ainda no termo de abertura.

Tabela 11. Plano de revisão de benefícios PRINCE2®.

Descrição do benefício	Patrocinador	Medição/Cálculo		Recursos	Linha de base
		Como	Quando		

- ➢ O patrocinador é a pessoa responsável pelos benefícios esperados.
- ➢ A medição/cálculo descreve a forma de medir o alcance dos benefícios esperados e quando eles podem ser aferidos.
- ➢ Recursos determinam o que é necessário para a revisão do trabalho.
- ➢ Linha de base são os limites a partir dos quais serão calculadas as melhorias.

Para exemplificar, vamos pensar em um programa de automação industrial que, após a conclusão dos projetos 1, 2 e 5, irá disponibilizar os seguintes benefícios à organização:

- Aumento do volume mensal de peças na linha de produção de 100.000 para 550.000.
- Redução do número de pessoas da linha de produção de 24 para seis operadores.

Observe que o primeiro benefício aumenta a capacidade produtiva e o segundo reduz custo e pode contribuir para a movimentação de operadores para áreas de produção mais críticas.

Sendo assim, teríamos a seguinte estrutura:

Tabela 12. Plano de revisão de benefícios PRINCE2® (exemplo).

Descrição do benefício	Patrocinador	Medição/cálculo		Recursos	Linha de base
XXXXXXXX	XXXXXXXX	**Como**	**Quando**	XXXXXXXXX	XXXXXXXXX
Aumento do volume mensal de peças na linha de produção de materiais plásticos de 100.000 para 550.000	Fulano de Tal	Emitir relatório do volume de peças produzidas pós-projeto e comparar com o volume de peças produzido no período pré-projeto. Calcular o aumento de produção usando o número de peças produzidas X o custo do produto (unid.)	Seis meses pós-projeto	Gerente de produção	80% de realização
Redução do número de pessoas da linha de produção de materiais plásticos de 24 para seis operadores	Fulano de Tal	Emitir relatório de operadores nos três turnos pós-projeto e comparar com relatório de operadores nos três turnos pré-projeto. Calcular a redução usando o valor da tarifa de HH industrial	Seis meses pós-projeto	Gerente de produção	80% de realização

Observe que determinamos a forma do cálculo, quem irá fazer a medição e uma referência para ser aplicada às devidas melhorias (na operação), se necessário. Neste caso, consideramos 80% de realização. Envolvendo corretamente a opinião especializada da equipe técnica, chegar a essas informações torna-se algo muito simples.

Esta ferramenta pode conectar resultados de várias iniciativas ou projetos com objetivos estratégicos, similar ao OKR (*Objectives and Key Results*).

3.8. BSC (*Balanced Scorecard*)

Trata-se de um método de medição e gestão de desempenho desenvolvido pelos professores da *Harvard Business School* Robert Kaplan e David Norton em 1992. A palavra *Scorecard* significa, em inglês, cartão para registro de resultado, e a palavra *Balanced* significa balanceado, equilibrado.

O *Balanced Scorecard* traduz a visão e a estratégia em objetivos e medidas organizadas em suas quatro perspectivas.

- Financeira.
- Processos.
- Aprendizado e crescimento.
- Clientes.

Segundo Kaplan e Norton, as quatro perspectivas citadas normalmente são suficientes para a maioria das organizações, porém não há nenhum impedimento de que alguma outra perspectiva que gere vantagem competitiva para a empresa venha a ser incorporada ao BSC.

Os sistemas de avaliação de desempenho utilizam indicadores financeiros e não financeiros em todos os níveis.

Segundo Anthony e Govindarajan, a principal finalidade de um sistema de avaliação de desempenho e gestão estratégica é controlar a obediência à estratégia adotada pela organização.

Para que haja o alinhamento e a ligação de todos os níveis da organização, faz-se necessária a utilização de sistemas de informações.

Razões para implantar um BSC:

- Alinhamento estratégico organizacional.
- Sinergia organizacional.
- Construção de um sistema de gerenciamento estratégico.
- Liga a estratégia ao planejamento e ao orçamento.
- Estabelece alvos estratégicos.
- Prioriza iniciativas estratégicas.
- Alinha indivíduos à estratégia.
- Etc.

Uma grande difusão do BSC é essencial para estabelecer o alinhamento empresarial.

A comunicação contínua dos resultados em todos os níveis é muito importante para sustentar esse alinhamento.

O desdobramento estratégico necessita de uma boa comunicação entre todos os níveis, e a ferramenta BSC apoia essa atividade. Sabemos que as barreiras existentes entre os níveis hierárquicos se tornam desafios para o corpo executivo realizar o alinhamento estratégico. Porém, como Porter sugere, em tempos atuais a estratégia não deve ser algo *top secret* e sim compartilhada. É importante deixar claro que determinadas informações são de caráter confidencial, como, por exemplo, números ($), mas a estratégia a ser seguida deve ser compartilhada para colocar todos "na mesma página".

A alta administração da empresa pode criar resistência a partir das ações definidas, o que dificulta ainda mais as implantações e o desdobramento do plano estratégico. Ressalta-se a importância do envolvimento e do comprometimento do grupo executivo da organização.

Apresentamos a seguir alguns pontos a serem considerados:

- Mudança na cultura de trabalho da organização.
- Exposição de falhas e pontos de melhorias no processo de trabalho das áreas internas.

- Aumento de conflitos.
- Excesso de medição e controle (*dashboard*).
- Resistência da força de trabalho e da alta administração.

Tais pontos de atenção devem ser tratados como riscos e necessitam ser acompanhados e monitorados durante a execução do plano do BSC.

A ferramenta usa a abordagem do mapa estratégico, onde os objetivos são agrupados usando uma representação gráfica.

Kaplan e Norton apresentam o mapa estratégico com base em alguns princípios:

- A estratégia equilibra forças contraditórias.
- Cria-se valor por meio de processos internos.
- A estratégia é composta de temas complementares e simultâneos.

O mapa estratégico descreve o processo de transformação de ativos intangíveis em resultados tangíveis para os clientes e, por conseguinte, em resultados financeiros.

O plano de ação (outra ferramenta indicada neste livro) descreve como colocar em prática o *Balanced Scorecard*.

Para uma rápida identificação dos elementos necessários à sua implementação, o plano de ação pode estruturar-se por meio da ferramenta 5W2H:

Tabela 13. Técnica 5W2H.

What	**O que será feito?**	**São determinadas as iniciativas**
Who	**Quem fará?**	**É definido o responsável pelo planejamento e pela execução das atividades**
When	**Quando será feito?**	**São estabelecidos os prazos para planejamento e execução das atividades**
Where	**Onde será feito?**	**É determinado o local (espaço físico) para realização do trabalho**
Why	**Por que será feito?**	**São formulados os indicativos da necessidade, da importância e a justificativa das atividades**
How	**Como será feito?**	**São planejados os meios para a execução das atividades**
How much	**Quanto custará?**	**São levantados os esforços e os custos para realização das atividades**

A aplicação de ações ligadas à estratégia das organizações cada vez mais exige o envolvimento dos profissionais, em todos os níveis.

Organizações bem-sucedidas conseguem alinhar e envolver todos os funcionários adotando um entendimento simples e objetivo da estratégia da organização.

3.9. *Lean*

Lean é uma filosofia de gestão, um *mindset*, assim como a agilidade, que se concentra na criação de valor para o cliente por meio da eliminação de desperdícios e do aprimoramento contínuo dos processos. Originária do sistema de produção da Toyota, conhecido como *Toyota Production System* (TPS), o *Lean* se expandiu para além da indústria automotiva e é aplicado em uma ampla variedade de setores, incluindo manufatura, serviços, saúde e TI.

Os princípios fundamentais do *Lean* incluem:

- **Identificação de valor:** entender o que o cliente valoriza e se concentrar em fornecer esse valor de forma eficiente.
- **Mapeamento do fluxo de valor:** analisar e visualizar todo o fluxo de valor de um processo, desde a entrada de matéria-prima até a entrega do produto ou serviço ao cliente, a fim de identificar desperdícios e oportunidades de melhoria.
- **Criação de fluxo contínuo:** projetar processos de trabalho de forma a minimizar interrupções, gargalos e atrasos, permitindo um fluxo contínuo de trabalho.
- **Produção puxada:** produzir somente o que é necessário, quando for necessário, em resposta à demanda do cliente, em vez de empurrar produtos ou serviços para o próximo estágio do processo.
- **Perfeição:** buscar a melhoria contínua em todos os aspectos do negócio, envolvendo todos os funcionários na identificação e solução de problemas.

O *Lean* visa maximizar o valor para o cliente ao mesmo tempo em que reduz o desperdício de recursos, como tempo, dinheiro, espaço e materiais. Essa abordagem tem sido amplamente adotada pelas empresas em busca de eficiência operacional e excelência em seus processos.

Uma dica bem importante é você, leitor, buscar conhecer (sempre que possível) o macroprocesso crítico de sua empresa que é impactado pela sua atividade, ação ou atuação. Hoje, gasto tempo nos clientes para fazê-los compreender claramente isso, porque a cultura da empresa (em alguns casos) leva o profissional a olhar somente para a sua área e suas atividades, sem buscar compreender o que vem antes, o que vem depois e o resultado esperado.

É preciso conhecer o PROCESSO, seja ele qual for, DE PONTA A PONTA! Observei isso em empresas de saúde, engenharia, tecnologia e até mesmo em organizações de pequeno porte que estão partindo do zero – neste caso, a ausência de conhecimento técnico do que seria necessário fazer.

Reflita sobre isso.

3.10. *Lean Budget*

O *Lean Budget*, ou Orçamento Enxuto, é uma abordagem para a gestão financeira de uma organização que se baseia nos princípios do *Lean Management*. Esta metodologia busca aplicar os conceitos de eliminação de desperdícios, foco no valor para o cliente e flexibilidade na alocação de recursos financeiros.

Em um contexto de *Lean Budget*, as empresas procuram abandonar práticas tradicionais de orçamento que podem ser burocráticas, inflexíveis e centradas em detalhes excessivos. Em vez disso, elas adotam métodos mais ágeis e adaptativos para planejar, gerenciar e alocar seus recursos financeiros.

Algumas características do *Lean Budget* incluem:

- **Foco no valor:** o orçamento é direcionado para iniciativas que agregam valor aos clientes e contribuem para os objetivos estratégicos da organização.
- **Flexibilidade:** o orçamento é revisado e ajustado regularmente com base no desempenho e nas mudanças do mercado, permitindo uma resposta ágil às oportunidades e ameaças.
- **Redução de desperdícios:** o *Lean Budget* elimina desperdícios em áreas que não agregam valor significativo, incentivando uma alocação eficiente dos recursos disponíveis.

- **Envolvimento de toda a organização:** a elaboração e o gerenciamento do orçamento são descentralizados, envolvendo equipes e líderes em todos os níveis da organização, promovendo a colaboração e a responsabilidade compartilhada.
- **Métricas e KPIs relevantes:** a mensuração do desempenho financeiro é baseada em indicadores-chave de desempenho (KPIs) que refletem o progresso em direção aos objetivos estratégicos e o valor entregue aos clientes.

Em resumo, o *Lean Budget* é uma abordagem mais ágil e adaptativa para a gestão financeira que busca alinhar os recursos disponíveis com as prioridades estratégicas da organização, promovendo a eficiência, a flexibilidade e o valor para o cliente.

3.11. Plano de ação

Esta ferramenta, se bem utilizada, pode trazer agilidade para a gestão de atividades críticas e emergenciais, identificadas após o levantamento de informações oriundas de um projeto (um relatório, uma auditoria ou mesmo a realização de um diagnóstico). Um plano de ação estratégico determina ações de valor para o negócio que podem ser geridas de maneira simples e objetiva.

Para exemplificar, vamos pensar que o resultado de uma auditoria externa identificou três ações a serem realizadas:

Tabela 14. Ações pós-auditoria (exemplo).

Ação 01	Elaborar política de reembolso
Ação 02	Confeccionar carimbo de recebimento em notas fiscais de aquisição
Ação 03	Construir código de conduta

Observe que são ações que não são extensas e que não precisam ser tratadas como PROJETO. Um levantamento de até dez atividades (por exemplo) seria o suficiente para gerenciar e entregar a ação estratégica. Um outro critério poderia ser: "qualquer plano de ação precisa ser resolvido em até 30 dias".

Talvez se existissem (após uma auditoria) de dez a 15 ações estratégicas, estas pudessem ser tratadas como projeto. Observe que muda completamente o que estamos gerenciando. Muitas vezes durante a execução dos projetos deparamos com ações não identificadas no planejamento que geram novas atividades a serem gerenciadas. Aplique esta ferramenta de forma simples e objetiva e consiga agilidade em seus processos.

3.12. Experiência do cliente – CX e UX

CX e UX são termos relacionados à experiência do usuário, mas eles se referem a aspectos diferentes dessa experiência.

3.12.1. CX (*Customer Experience*)

CX, ou *Customer Experience*, é uma abordagem mais ampla que engloba todas as interações entre um cliente e uma empresa ao longo de toda a jornada do cliente.

Envolve todas as interações, desde o primeiro contato com a marca até o pós-venda e o suporte ao cliente.

O foco principal da CX está na percepção geral do cliente em relação à marca, incluindo a qualidade do produto ou serviço, o atendimento ao cliente, a facilidade de uso, a conveniência, entre outros fatores.

3.12.2. UX (*User Experience*)

UX, ou *User Experience*, concentra-se especificamente na experiência do usuário ao interagir com um produto digital, como um site, um aplicativo ou um software.

Envolve o design de interfaces de usuário (UI), usabilidade, acessibilidade, arquitetura da informação e outros elementos que influenciam a facilidade de uso e a satisfação do usuário ao utilizar o produto.

O objetivo da UX é garantir que os usuários tenham uma experiência positiva, eficiente e agradável ao interagir com o produto.

Em resumo, enquanto CX abrange todas as interações entre um cliente e uma empresa, incluindo aspectos físicos e digitais, UX se concentra especificamente na experiência do usuário ao interagir com um produto digital.

São ferramentas poderosas para entender o perfil do cliente. Para uma empresa que possua milhares de clientes em todo o mundo, isso deve se adaptado e avaliado por amostragem, ou seja, grupos específicos que representem a VOZ DE SEUS CLIENTES.

Esses conceitos (UX e CX) formam uma das mais simples e poderosas ferramentas estratégicas para qualquer negócio do planeta, pois representam a visão de quem de fato consome os produtos e serviços.

A questão é que empresas, além de confundirem esses conceitos, usam-nos inadequadamente:

Não podemos confundir ações de melhorias internas relacionadas à redução de custos com experiência do cliente.

Ouvir de fato o seu cliente e implementar ações concretas exige cultura, disciplina e responsabilidade (decisão).

Avaliar a experiência não é avaliar o grau de satisfação de um serviço ou produto (por exemplo, "o que o cliente achou da comida do hotel, do transporte, do serviço XPTO?", ou "o que o cliente achou da nossa pasta de dente?"). É compreender claramente todo o ciclo de contato com o cliente desde quando ocorre a primeira interação até quando a relação é finalizada (com sucesso ou não), o que se traduz em uma jornada.

3.12.3. Jornada do cliente

Segue pequeno exemplo de uma jornada do cliente para uma loja *on-line* de roupas em oito etapas:

Tabela 15. Jornada do cliente.

Descoberta	Maria vê um anúncio da loja de roupas em suas redes sociais enquanto navega pela linha do tempo.
Pesquisa	Ela visita o site da loja para explorar os produtos, verificar os preços e ler as avaliações dos clientes.
Decisão de compra	Maria escolhe um vestido que gostou, seleciona o tamanho e a cor e adiciona ao carrinho de compras.
Checkout	Ela passa pelo processo de *checkout*, inserindo suas informações de pagamento e endereço de entrega.
Pós-compra	Maria recebe um e-mail de confirmação do pedido e é informada sobre o prazo de entrega. Ela também recebe atualizações de status do pedido durante o processo de envio.
Recebimento do produto	Maria recebe o vestido dentro do prazo prometido e fica satisfeita com a qualidade do produto.
Feedback	Após alguns dias de uso, Maria recebe um e-mail solicitando *feedback* sobre sua experiência de compra e sobre o produto.
Fidelização	Maria fica satisfeita com sua experiência geral e decide seguir a loja nas redes sociais para ficar atualizada sobre novos produtos e promoções futuras.

Observe o que é possível aprimorar.

- MELHORIA EM PRODUTO OU SERVIÇO.
- IDENTIFICAR PONTOS DE MELHORIA EM ETAPAS DE UM PROCESSO DE FLUXO DE VALOR PARA O NEGÓCIO. Observei casos em algumas empresas que eram imbatíveis (positivamente), mas que comprometiam o resultado (que realmente importa) porque falhavam em algumas partes de um grande processo.
- OPORTUNIDADE DE DESENVOLVIMENTO DE NOVOS PRODUTOS OU SERVIÇO.

3.12.4. Avaliação da experiência do cliente

E agora, um exemplo simples de avaliação da experiência.

Modelo de questionário de UX

1. E-mail
2. Telefone
3. Como foi a sua experiência?
4. O que você mais gostou?
5. Como podemos melhorar? *Net Promoter Score* (NPS).
6. Deixe seu depoimento.

O NPS, ou *Net Promoter Score*, é utilizado para medir a satisfação e a lealdade dos clientes em relação a uma empresa, produto ou serviço. Ele é comumente usado para avaliar o desempenho e identificar áreas de melhoria. O NPS é baseado em uma pergunta simples:

"Em uma escala de 0 a 10, o quanto você recomendaria nossa empresa/produto/serviço a um amigo ou colega?"

Com base nas respostas, os clientes são categorizados em três grupos:

- **Promotores (pontuação 9-10):** são clientes extremamente satisfeitos e propensos a recomendar a empresa a outras pessoas. Eles são considerados defensores da marca.
- **Neutros (pontuação 7-8):** são clientes que estão satisfeitos, mas não são entusiastas da marca. Eles podem recomendar ocasionalmente, mas não têm a mesma propensão que os promotores.
- **Detratores (pontuação 0-6):** são clientes insatisfeitos que podem prejudicar a reputação da empresa, deixando críticas negativas e desencorajando outros a fazer negócios com ela.

Para calcular o NPS, subtrai-se a porcentagem de detratores da porcentagem de promotores. O resultado é um número que varia de -100 a +100. Um NPS positivo é geralmente considerado bom, enquanto um NPS negativo sugere que há problemas que precisam ser abordados. O NPS é uma ferramenta valiosa para acompanhar a satisfação do cliente ao longo do tempo e orientar as estratégias de melhoria.

3.13. *Design Thinking* (DT)

Trata-se de uma técnica que possui um conjunto de métodos e processos para tratar um problema relacionado ao levantamento de informações, à avaliação de conhecimento e à elaboração de propostas de soluções.

O DT é um modelo mental que engloba o pensamento pluralista e o pensamento sistêmico no intuito de construir futuros melhores. Ele não segue um pensamento linear.

As quatro grandes mudanças do pensamento são:

- Tomar decisões centradas no ser humano.
- Argumentar as opções.
- Construir para pensar.
- Iterar.

Sua abordagem usa uma combinação de empatia, colaboração e experimentação.

- **Empatia** – Coloque-se no lugar do outro.
- **Colaboração** – Ambos se colocam no lugar do outro.
- **Experimentação** – Testes/validação/aprendizado com erros.

As fases previstas pela técnica são:
Descoberta – Interpretação – Ideação – Experimentação – Evolução

Esta técnica, considerada simples, pode gerar resultados fantásticos se aplicada na íntegra simplesmente pelo envolvimento das pessoas e pelo incentivo da criatividade através de uma combinação de possibilidades para a produção de uma solução adequada a algum cenário.

3.14. *Canvas* (*Business Model Canvas*)

O *Business Model Canvas* ou "quadro de modelo de negócios" é uma ferramenta de gestão estratégica que permite elaborar modelos de negócio existentes ou criar novos. Trata-se de um mapa visual, aplicado em uma tela única, que possui nove blocos. O *Business Model Canvas* foi inicialmente proposto por Alexander Osterwalder com base no seu trabalho anterior sobre *Business Model Ontology*.

O modelo foi adaptado para gestão de projetos e programas gerando uma visão chamada *PM Canvas*, específica para projetos, e *Program Canvas*, específica para programas.

A ferramenta pode ser utilizada com *post-its* preenchendo os blocos estratégicos. A facilidade no manuseio de informações e o envolvimento de pessoas nas discussões tornam rica a elaboração do modelo de negócio, projeto ou programa, suportado por um visual simples e objetivo.

3.15. Técnica da inflexão

Quando desenvolvi esta técnica, em 2023, tinha como objetivo separar gestão da mudança de ações e decisões estratégicas que realmente são um divisor de águas para o resultado de uma estratégia.

Como funciona?

Como seria se tivéssemos a chance de com apenas uma "cartada" mudar o rumo de todo um projeto?

Ou com uma tomada de decisão pudéssemos mudar todo o nosso futuro?

Ou até mesmo, durante a implementação da estratégia de uma empresa, tivéssemos a chance de assumir o risco de um caminho desconhecido e incerto, mas que significasse a ascensão da empresa?

Esta técnica deve ser aplicada em cenários que precisem de decisão de alto impacto para a determinação do caminho a ser trilhado.

3.15.1. O que são pontos de inflexão?

Pontos de inflexão, segundo a matemática, são pontos onde a função muda de concavidade, ou seja, deixa de ser "côncava para cima" para ser "côncava para baixo" ou vice-versa.

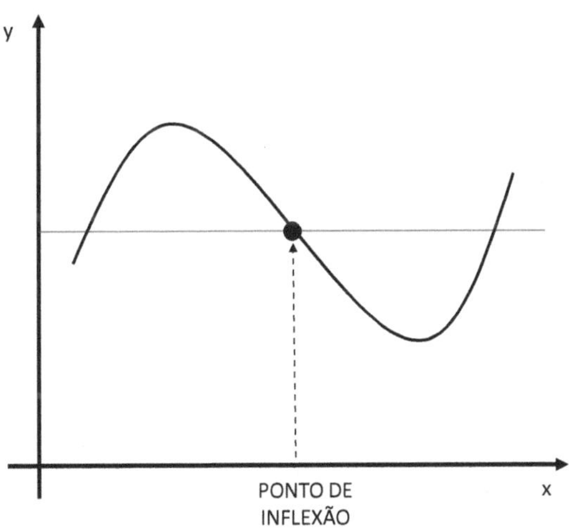

Figura 10. Ponto de inflexão.

Adotando este conceito na vida ou no mundo corporativo, seja em um projeto ou em uma estratégia da organização, temos a oportunidade de buscar uma decisão que pode mudar consideravelmente o rumo de um resultado almejado.

3.15.2. O que seria um ponto de inflexão na vida?

O ponto de inflexão trata do momento no qual uma decisão pode mudar o rumo de sua vida. Por exemplo, quando uma pessoa decide mudar seus hábitos para viver mais saudável, buscando qualidade de vida para prolongar sua existência. Para isso, abandona, por exemplo, vícios como cigarro, má alimentação etc.

3.15.3. O que seria ponto de inflexão no projeto?

Seria uma decisão que age como um "divisor de águas", alinhada entre patrocinador, clientes e/ou time do projeto.

Exemplo de decisão: adotar outra forma de implementar o projeto, focando naquilo que somente é necessário para avançar ou, em outro exemplo, assumindo um RISCO com uma estratégia definida para a jornada do projeto.

3.15.4. O que seria ponto de inflexão na estratégia?

Seria uma decisão da alta administração que muda o rumo da história da organização. Por exemplo, os executivos decidem investir em práticas de gestão ou na profissionalização da gestão de uma organização.

De acordo com a professora Rita McGrath, um ponto de inflexão potencialmente revolucionário aparece quando as principais métricas subjacentes ao seu negócio têm o potencial de mudar em uma escala de 10 vezes. Conforme ela descreve em seu livro "Seeing Around Corners" (2019):

os pontos de inflexão nos negócios têm um impacto de 10 vezes, tornando as coisas 10 vezes mais baratas, 10 vezes mais inteligentes, 10 vezes mais rápidas e assim por diante (do que era possível antes do ponto de inflexão ocorrer). Os profissionais envolvidos, no entanto, estão tão acostumados a olhar o mundo através das lentes tidas como certas do negócio original que não veem a mudança chegando (até que seja tarde demais). Com a revolução digital isso é real e está fazendo com que as empresas que "se tornaram" digitais ultrapassem aquelas que não o fazem.

3.15.5. O que é a técnica de inflexão?

Nos últimos anos, trabalhando com implementação estratégica em clientes de diversos setores, busquei compreender o que fez a diferença na história de entrega de resultados que, muitas vezes, representou aumento de receita, metas cumpridas, capacidade aumentada de serviços – enfim, qual foi o ponto de inflexão que impactou potencialmente os resultados.

Mesmo com processos maduros e com equipes de alto desempenho, uma inflexão influencia o futuro de uma organização para MELHOR ou PIOR. Muitas vezes, as empresas fazem as mudanças de maneira informal e quando tentam oficializá-las os decisores não querem se expor assumindo a responsabilidade.

Adaptando esses cenários, desenvolvi então a **técnica da inflexão.**

As empresas pelas quais passei nos últimos cinco anos, ao investirem em gestão estratégica, ou seja, desenvolverem profissionais e formularem suas estratégias, tiveram seus pontos de inflexão e mudaram o rumo de sua história.

Se você tiver somente uma única "carta" na mão, quando e como usaria para mudar o rumo de alguma coisa?

Para exemplificar, seguem exemplos em três contextos:

Tabela 16. Pontos de inflexão (exemplos).

Ponto de inflexão **VIDA**	**Ponto de inflexão** **PROJETO**	**Ponto de inflexão** **ESTRATÉGIA**
Cenário: tenho me sentido prostrado, sedentário e com baixa autoestima. **O que está em jogo?** O futuro da minha vida. **Por que preciso desta decisão?** Com o passar do tempo e nesta condição, corro sérios riscos à minha vida. **Quem decide:** eu mesmo. **Qual é a decisão?** Iniciar ações para melhorar hábitos de vida relacionados a: ALIMENTAÇÃO, TABAGISMO e PRÁTICA DE ESPORTES.	**Cenário:** em um projeto de telecomunicações cujo escopo maior é a expansão da rede da minha empresa na região serrana de um estado, observou-se alta demanda para potenciais novos clientes. Porém, não foi contemplado pelo escopo original do projeto o referido potencial volume de novos clientes. **O que está em jogo?** Potencializar em até dez vezes o resultado previsto para o projeto. Implantação de escopo adicional e captação de novos clientes. **Por que preciso desta decisão?** A capacidade limitada de operação atual não conseguiria absorver esse volume MUITO maior de novos clientes. **Quem decide:** presidente, diretor financeiro e diretor de operações. **Qual é a decisão?** Aumentar o investimento na expansão da rede e criar um programa para formação de mão de obra técnica local para atender à demanda e à legislação (número de técnicos X tamanho da rede X número de clientes).	**Cenário:** em uma empresa, observou-se que alguns produtos de seu portfólio não estavam com o desempenho esperado. Um de seus novos produtos, ainda em crescimento no mercado, tinha um grande potencial, porém necessitava de priorização e investimento por parte da organização. **O que está em jogo?** Um potencial bom resultado para a empresa. **Por que preciso desta decisão?** Para aprovar a priorização dos esforços em um novo produto promissor. **Quem decide:** diretor comercial, diretor financeiro e presidente da empresa. **Qual é a decisão?** Investir esforço (pessoas, tempo e dinheiro) no desenvolvimento de um novo produto promissor para o mercado.

3.15.6. Etapas da técnica da inflexão

Observe que a sequência de passos a seguir orienta e auxilia na DECISÃO que passa a ser uma potencial INFLEXÃO. Seguir as etapas nessa ordem ajudará a estruturar uma possível decisão em relação ao que deve ser feito.

Se não houver embasamento para um possível ponto de inflexão, significa que não há a maturidade mínima necessária para ir em frente. Ressalto que, por ser uma técnica ESTRATÉGICA, não estamos falando de algo operacional. O desdobramento será possivelmente operacional, mas a decisão não!

A partir de uma ideia ou proposta, siga os passos:

3.15.6.1. Passo 1: O CENÁRIO (descrição do contexto/cenário e suas principais partes interessadas)

Com base em um cenário ou contexto, é preciso entender "qual decisão" seria importante para criar um possível PONTO DE INFLEXÃO. Observe que não estamos falando de gestão ou solicitação de mudanças, mas de decisão de alto impacto que pode ter (ou não) como consequência uma mudança.

Por se tratar de uma decisão, será necessário o envolvimento de partes interessadas de alto poder e influência, logo, é preciso identificar quais *stakeholders* serão necessários neste processo, como, por exemplo, gerentes, executivos, diretores, presidente etc.).

Resultado a ser obtido neste passo: **cenário estruturado e partes interessadas identificadas.**

3.15.6.2. Passo 2: JUSTIFICATIVA (por que precisa desta decisão?)

Após elaborar a proposta de decisão no primeiro passo, é preciso apresentar as informações para as partes envolvidas na tomada de decisão.

É importante que esta apresentação contenha FATOS relevantes, DADOS reais e proposta de como tratar o desdobramento da decisão, como, por exemplo, um plano de ação, uma lista de atividades ou algo que transmita segurança ao decisor. Sem isso o processo está comprometido.

Resultado a ser obtido neste passo: **justificativa para a decisão que represente um potencial resultado futuro.**

3.15.6.3. Passo 3: QUEM DECIDE?

Descrever de maneira clara quais pessoas precisam APROVAR a decisão. Colocar CPF, cargo e função. Informações como datas e pessoas técnicas/operacionais que estarão envolvidas ou serão impactadas pela decisão também são importantes.

Resultado a ser obtido neste passo: **nome, cargo e função da(s) pessoa(s) que irá(ão) aprovar a decisão.**

3.15.6.4. Passo 4: A DECISÃO

Qual é a decisão que representa o caminho a seguir? Quanto maior for a dimensão da decisão, maior será o esforço de preparação e execução do desdobramento prático em direção a um resultado proposto.

Resultado a ser obtido neste passo: **qual é a decisão? [Descrição clara do que deve ser feito]**

Lembre-se de que uma ideia não tem tamanho fixo.

3.15.7. Ferramentas

Com uma abordagem simples e objetiva (como sempre gosto de trabalhar), temos um quadro (*board*) com quatro passos a serem seguidos. O *board* pode ser feito com:

- quadro branco;
- lápis, papel e *post-it*;
- ferramenta tecnológica colaborativa (Miro, Zoom, Mural etc.).

Veja o *template*:

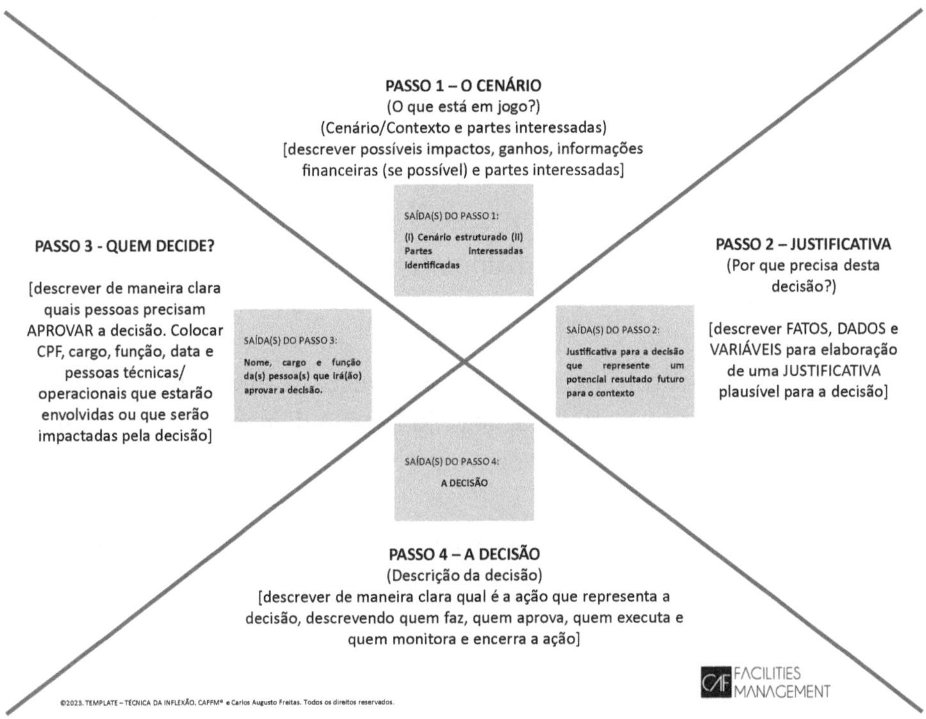

Figura 11. Técnica da inflexão

Apesar de ser um processo simples, trata-se de algo poderoso, pois influencia no resultado futuro.

3.15.8. Conclusão da técnica

Para aplicar a técnica proposta, busque analisar *cases* e identificar quais foram os pontos de inflexão que se tornaram "divisores de águas", potencializando e adequando o rumo de uma história em direção a um resultado exponencial.

3.16. Gestão do conhecimento

A gestão do conhecimento vem cada vez mais ganhando espaço nas organizações, pois é uma forma de obter vantagem competitiva.

Trazendo este modelo para as práticas de projetos, vamos pensar em um escritório de projetos ou área responsável pela gestão de projetos ou acompanhamento estratégico em uma organização.

Considerando um ano de operação, vamos estruturar o legado produzido pela área, considerando (mas não se limitando a):

- Documentação.
- Processos utilizados (formalmente).
- Resultados.

A criação de uma estrutura para agrupar esse registro torna-se um fator crítico de sucesso, pois garante que esse legado fique à disposição da organização e consequentemente dos profissionais envolvidos.

Lembro-me até hoje de um comentário de um diretor de uma das empresas na qual trabalhei com implantação de PMO.

Ano 1 do PMO (e-mail do diretor à sua equipe):

> *"Precisamos ajudar o PMO no planejamento e na execução dos projetos."*

Ano 2 do PMO (e-mail do mesmo diretor à sua equipe, copiando o presidente da organização)

> *"Pessoal, precisamos planejar os projetos de nossa área.*
>
> *Peçam suporte ao PMO e analisem as informações dos projetos realizados neste ano. Vejam o que podemos melhorar."*

Simplesmente fantástico!

Isso foi possível devido ao uso do conhecimento e do aprendizado que a organização vivenciou durante um ano de trabalho. Observe como isso é importante.

Observe a figura:

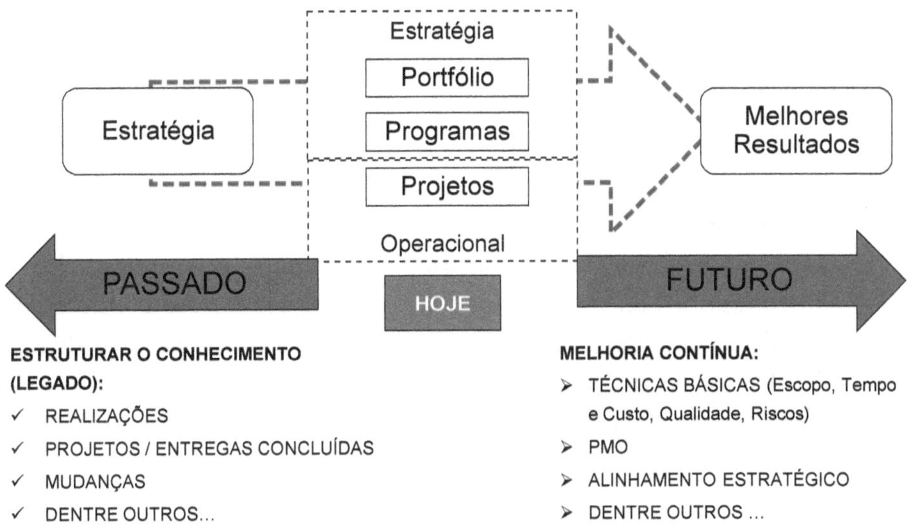

Figura 12. Exemplo de modelo de gestão do conhecimento (PMO).

Podemos analisar que o conhecimento gerado no passado (legado) torna-se um diferencial para a aplicação prática nos tempos atuais e apoia diretamente a melhoria contínua (falaremos mais à frente sobre isso) no futuro.

Costumo aplicar o conceito de TAXONOMIA para classificar as informações arquivadas.

3.16.1. Taxonomia na gestão do conhecimento

Taxonomia na gestão do conhecimento refere-se à classificação e à organização sistemática do conhecimento dentro de uma organização. É uma ferramenta importante para facilitar a identificação, o armazenamento, o acesso e o compartilhamento eficientes do conhecimento.

Uma taxonomia eficaz na gestão do conhecimento envolve a criação de uma estrutura hierárquica que categoriza o conhecimento de acordo com diferentes critérios, como assunto, tipo, fonte, relevância etc. Essa estrutura pode ser representada por meio de uma árvore de categorias, ontologias, esquemas de classificação ou outros sistemas de organização.

Existem diferentes abordagens para a criação de taxonomias na gestão do conhecimento, incluindo:

- **Taxonomia de assunto:** organização do conhecimento com base em temas ou áreas de interesse. Por exemplo, uma empresa de tecnologia pode ter categorias como "desenvolvimento de software", "redes de computadores", "segurança da informação" etc.
- **Taxonomia de tipo de conhecimento:** classificação do conhecimento com base em sua natureza ou formato. Isso pode incluir conhecimento tácito (experiências, habilidades) *versus* conhecimento explícito (documentos, procedimentos) ou diferentes tipos de mídia (texto, áudio, vídeo).
- **Taxonomia de processo:** organização do conhecimento com base em processos de negócios ou atividades. Por exemplo, uma empresa de consultoria pode ter categorias como "desenvolvimento de propostas", "gerenciamento de projetos", "entrega de serviços" etc.
- **Taxonomia de público-alvo:** classificação do conhecimento com base nos diferentes grupos de usuários dentro da organização. Por exemplo, uma empresa pode ter categorias específicas de conhecimento para gerentes, equipe de vendas, equipe de desenvolvimento etc.

Ao desenvolver uma taxonomia na gestão do conhecimento, é importante envolver as partes interessadas relevantes para garantir que ela seja compreensível e útil para os usuários finais. Uma taxonomia bem elaborada pode facilitar a busca e recuperação de informações, promover o compartilhamento de conhecimento, reduzir a redundância e melhorar a eficiência organizacional.

3.17. Agilidade organizacional (*Scrum*)

A velocidade da mudança imposta pelo mercado de trabalho globalizado possui um dinamismo incrível, obrigando as organizações a revisarem seus processos e modelos de gestão para permitir uma rápida resposta a esse cenário.

Imagine um plano estruturado para um ano considerando uma baixa variação cambial (moeda estrangeira); vem seu concorrente e lança um produto inovador no mercado e, além disso, a moeda estrangeira tem aumento de 80%.

Como fica seu planejamento?

A velocidade para responder a esse cenário, que possui oportunidades e ameaças, será fator determinante para o sucesso da organização.

Quando falamos de agilidade, pensamos em práticas e métodos ágeis que simplificam processos de apoio à gestão. Este é um tema que tem ganhado força nas organizações devido aos resultados aferidos em um curto espaço de tempo.

Para exemplificar, podemos citar o *Scrum*, que é uma abordagem ágil originalmente criada para suportar projetos de desenvolvimento de software. Hoje, é fato que outras áreas o aplicam integralmente ou parcialmente em seus processos (a forma de adaptação será detalhada no próximo item deste livro).

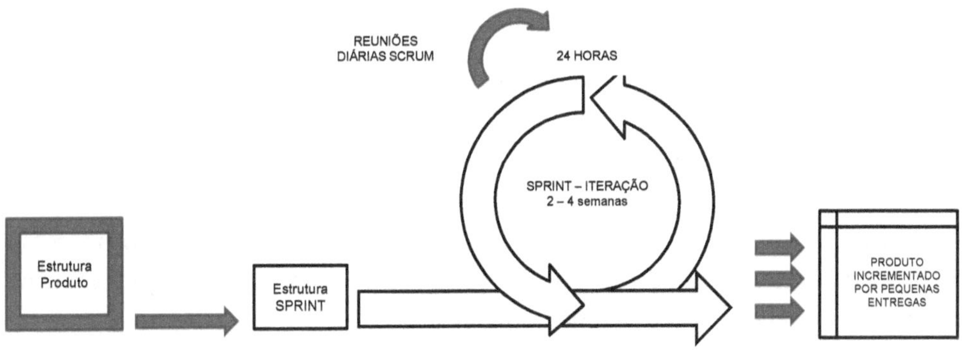

Figura 13. Método *Scrum* (exemplo).

O *Scrum* trata de, a partir do produto desejado, particionar pequenas entregas que serão priorizadas por ordem de valor e importância para o cliente. A equipe técnica constrói, testa e entrega dentro de um ciclo iterativo previsto chamado de *Sprint* que pode durar de duas a quatro semanas. A evolução da construção dessas pequenas entregas é acompanhada diariamente em reuniões de 15 minutos em que todos ficam em pé (o nome em inglês seria *stand-up meeting*). Além disso, ocorrem reuniões de planejamento para o próximo ciclo e lições levantadas sobre o último ciclo, como proposta para aumentar a eficiência do time. Com papéis e responsabilidades bem definidas e o envolvimento das pessoas certas, o método apoia a comunicação entre a equipe e o cliente, reduzindo possíveis "ruídos".

O *framework* possui três papéis, cinco eventos e três artefatos ou ferramentas.

Trata-se de uma aplicação prática que traz ganhos e agilidade aos processos de gestão de desenvolvimento de um produto.

3.18. Abordagem de desenho e implementação estratégica

Há alguns anos, quando então buscava formas mais modernas para trabalhar de maneira prática com a formatação de estratégias organizacionais, sentia dificuldade com métodos tradicionais/convencionais. Conforme falei anteriormente, o termo "planejamento estratégico", na minha visão, é defasado e desconectado do mundo moderno.

A iniciativa Brightline® conseguiu formatar um modelo baseado em DESENHO e IMPLEMENTAÇÃO ESTRATÉGICA, usando uma abordagem simples, objetiva, dinâmica e atual.

Desenho e implementação estratégica são duas etapas distintas no processo de desenvolvimento e execução de uma estratégia empresarial. Aqui está uma explicação detalhada da diferença entre elas:

3.18.1. Desenho estratégico

- O desenho estratégico é a fase inicial do processo estratégico.
- Envolve a formulação da estratégia, onde a organização define missão, visão, valores e objetivos.
- As bases do negócio são parâmetro para a tomada de decisão.
- Durante esta etapa, são realizadas análises internas e externas, como por exemplo a SWOT (*Strengths, Weaknesses, Opportunities, Threats*) e o P.E.S.T.L.E. (análise do ambiente competitivo), para entender o contexto no qual a organização opera.
- As decisões estratégicas são tomadas durante esta fase, incluindo escolhas sobre direção estratégica, segmentos de mercado-alvo, vantagens competitivas e alocação de recursos.

O resultado do desenho estratégico é um plano (ponto de partida) estratégico que define a direção geral da organização e os principais objetivos a serem alcançados. Lembre-se de que estamos falando de um processo vivo e dinâmico.

3.18.2. Implementação estratégica

- A implementação estratégica é a fase subsequente à formulação da estratégia.
- Envolve a execução do plano (sempre em sua versão mais atual) estratégico desenvolvido durante o desenho estratégico.
- Durante esta fase, a estratégia é traduzida em ações concretas, iniciativas, planos de ação e projetos estratégicos.
- A implementação estratégica inclui a alocação de recursos, a definição de responsabilidades, o estabelecimento de metas e a criação de sistemas de controle para monitorar o progresso em direção aos objetivos estratégicos.
- É durante esta etapa que as mudanças organizacionais podem ser necessárias para apoiar a execução da estratégia, como reestruturação, desenvolvimento de novas capacidades ou aquisições.
- Aqui ocorre também a capacidade de execução do orçamento estratégico. Algumas empresas possuem verba disponível, mas têm dificuldade de executá-la. A partir do desenho da estratégia, esta capacidade é aumentada simplesmente por saber o que deve ser feito.
- A implementação estratégica exige compromisso de toda a organização. Pode ser um processo contínuo e iterativo à medida que a estratégia for refinada com base nos resultados e nas mudanças no ambiente externo.
- É preciso investimento nas pessoas, pois será nesta etapa que a estratégia irá de fato acontecer.

Em resumo, enquanto o desenho estratégico se concentra na formulação da estratégia e na definição de direção e objetivos, a implementação estratégica é sobre a execução eficaz dessa estratégia, traduzindo-a em ações tangíveis e ajustando-a conforme necessário para alcançar os objetivos organizacionais.

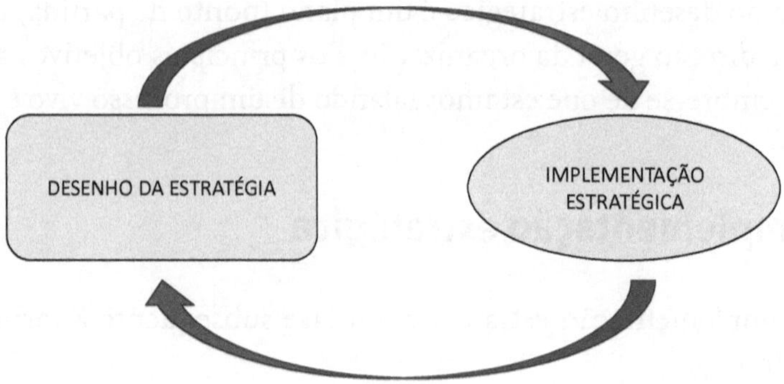

Figura 14. Visão sistêmica da abordagem de desenho e implementação estratégica.

3.19. Inteligência artificial (IA)

A inteligência artificial (IA) é uma área da ciência da computação que se concentra no desenvolvimento de sistemas e máquinas capazes de realizar tarefas que normalmente exigiriam inteligência humana. Esses sistemas são projetados para aprender com dados, reconhecer padrões, tomar decisões e resolver problemas de forma autônoma, sem intervenção humana direta. A IA abrange uma variedade de técnicas e abordagens, incluindo aprendizado de máquina, redes neurais, processamento de linguagem natural e algoritmos de otimização.

3.19.1. Entendendo a inteligência artificial

A inteligência artificial é baseada em algoritmos e modelos matemáticos que permitem que os computadores processem grandes volumes de dados e extraiam *insights* significativos. No cerne da IA está o conceito de aprendizado de máquina, onde os sistemas são treinados usando conjuntos de dados para reconhecer padrões e tomar decisões com base nesses padrões.

3.19.2. Usos da inteligência artificial

1. **Análise de dados e tomada de decisão:** a IA pode ser usada para analisar grandes conjuntos de dados de forma rápida e eficiente, identificando tendências, padrões e *insights* que podem informar a tomada de decisões estratégicas. Isso é especialmente útil em am-

bientes complexos de negócios, onde a agilidade na tomada de decisões pode ser crucial.

2. **Automação de processos:** a IA pode automatizar uma variedade de tarefas rotineiras e repetitivas, liberando recursos humanos para se concentrarem em atividades mais estratégicas e criativas. Isso pode aumentar significativamente a eficiência operacional e reduzir custos.
3. **Personalização e experiência do cliente:** com o uso de algoritmos de aprendizado de máquina, as empresas podem oferecer recomendações personalizadas aos seus clientes e suporte individualizado. Isso pode melhorar a satisfação do cliente e impulsionar a fidelidade à marca.
4. **Previsão e antecipação:** a IA pode ser usada para prever tendências futuras, identificar riscos e oportunidades emergentes, permitindo que as organizações se adaptem e respondam proativamente às mudanças do mercado.
5. **Manutenção preditiva:** em setores como, por exemplo, manufatura e serviços, a IA pode ser aplicada para prever falhas em equipamentos e sistemas antes que estas ocorram, permitindo a manutenção preventiva e reduzindo o tempo de inatividade não planejado.

3.19.3. Como aplicar

1. **Identifique os objetivos de negócio:** antes de implementar qualquer solução de IA, é fundamental entender os objetivos de negócio que você deseja alcançar. Isso ajudará a orientar o desenvolvimento e a aplicação da IA de forma a agregar valor à organização.
2. **Coleta e preparação de dados:** a qualidade dos dados é crucial para o sucesso de qualquer projeto de IA. Garanta que você tenha acesso a conjuntos de dados relevantes e de alta qualidade e que eles sejam devidamente limpos, organizados e preparados para análise.
3. **Escolha das técnicas e dos algoritmos adequados**: existem muitas técnicas e algoritmos de IA disponíveis, cada um voltado a diferentes tipos de problemas e dados. Faça uma análise cuidadosa para escolher as melhores abordagens para as suas necessidades específicas.
4. **Desenvolvimento e treinamento do modelo:** desenvolva e treine seu modelo de IA usando os dados disponíveis. Isso pode envolver a divisão dos dados em conjuntos de treinamento e teste, ajuste de parâmetros e validação do modelo para garantir sua eficácia.

5. **Implementação e monitoramento:** uma vez desenvolvido e treinado, implemente seu modelo de IA em um ambiente de produção e monitore seu desempenho continuamente.

As ferramentas de IA contam com uma capacidade de processamento infinitamente maior do que um humano. Isso traz velocidade, mas não necessariamente eficiência.

É aí que caímos no perigo. É preciso primeiro entender a melhor forma de dar o comando de acordo com sua real necessidade – é a chamada engenharia de *prompt* (*prompt engineering*), que é o processo de estruturação de texto que pode ser interpretado e compreendido por um modelo generativo de IA. Um *prompt* é um texto em linguagem natural que descreve a tarefa que uma IA deve realizar. Com isso, a ferramenta irá processar e retornar em segundos.

Há pouco tempo trabalhei em um cenário bem complexo sobre engenharia de poços de petróleo. A decisão em si levou aproximadamente três meses (isso mesmo, 90 dias para que executivos aprovassem o melhor modelo para indicadores de poço de petróleo). Eu simulei o mesmo cenário usando inteligência artificial e ela chegou à mesma conclusão em apenas cinco segundos. Veja o poder disso!

Observe a figura:

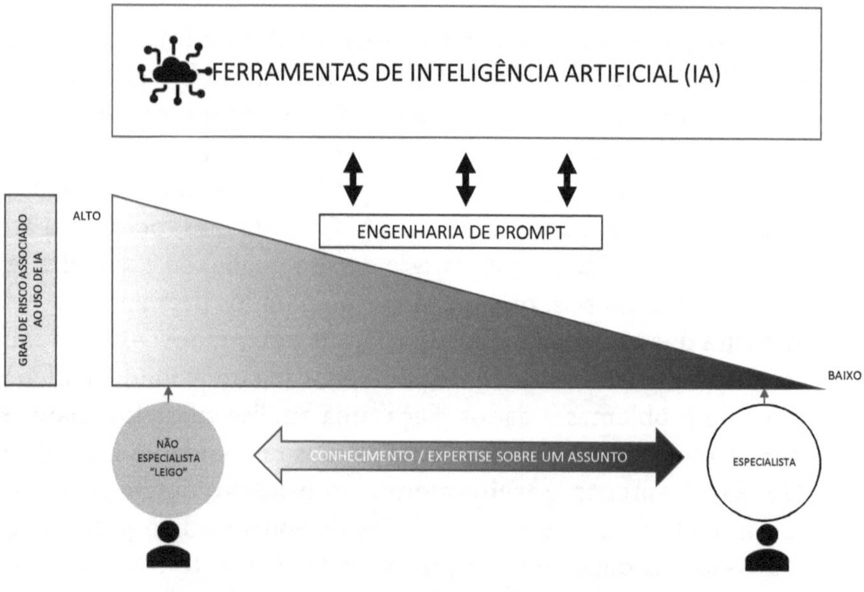

Figura 15. Interface inteligência artificial x humano.

Note o grau de risco para o "melhor" uso e aproveitamento da IA. Quando temos um especialista no assunto, o risco é baixo por conta da capacidade de análise crítica sobre o que a tecnologia retorna.

3.20. Processos

Quando falamos em processos dentro de uma organização, podemos entender que é algo muito amplo e muitas vezes subjetivo. Quantas vezes você ouviu:

> *"Isso é um problema de processo."*
>
> *"Precisamos mapear nossos processos senão não vamos melhorar nunca."*
>
> *"O processo falhou e a culpa é da outra área."*

Vamos verificar a definição de PROCESSO do *PMBOK® Guide*:

> *Um processo é um conjunto de ações e atividades inter-relacionadas, que são executadas para alcançar um produto, resultado ou serviço predefinido.*

Quando falamos sobre mapear e estudar processos dentro de uma empresa, é preciso entender qual o propósito, para justificar ou não o esforço de realizar entrevistas, levantar informações e construir o mapeamento do processo.

Eu, particularmente, gosto de usar uma abordagem bem simples: quais são os processos básicos que nós precisamos entender e mapear?

Talvez em um primeiro momento mapear todos os projetos previstos pelo PMO não seja necessário. Podemos considerar, como exemplo, os seguintes processos:

- Iniciação de projeto.
- Planejamento.
- Acompanhamento.
- Encerramento.

Uma pergunta bem difícil de ser respondida é:

> *"O que é um projeto nesta organização?"*

Se você perguntar isso para três pessoas, certamente virão três respostas diferentes ou ninguém saberá sequer responder.

Talvez somente com o tempo essa resposta possa ser elaborada como um entendimento em comum entre as principais partes interessadas.

Então, por que não começar com o básico?

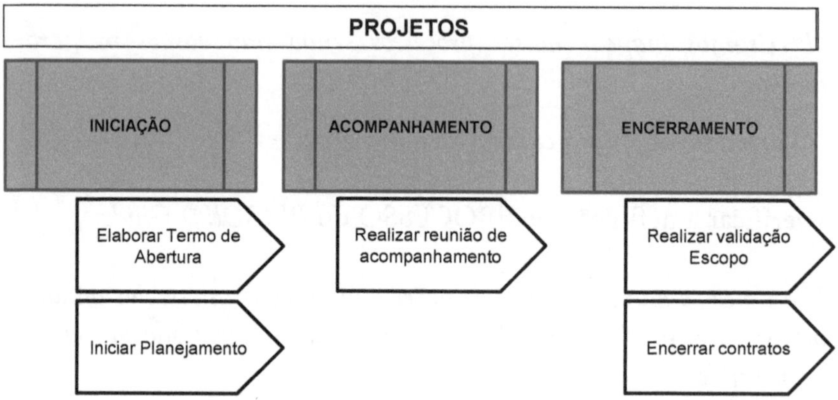

Figura 16. Exemplo de macroprocessos e processos de gestão de projetos.

Conhecendo o fluxo previsto para esses três macroprocessos da figura anterior (haverá outros processos agrupados), temos um direcionador para a tomada de decisão, que considera o início, o meio e o fim de um ciclo de vida de um projeto na organização. Com o tempo e a maturidade, a partir de processos mapeados e conhecidos, será possível aplicar a melhoria contínua e trazer ganhos e agilidade organizacional.

Essa lógica também se aplica aos processos de programas, portfólio e abordagens ágeis.

Até mesmo o ágil exige disciplina e rigor na aplicação de processos. Por mais que um dos princípios da agilidade seja a flexibilidade, isso não significa que tudo é maleável. Um dos segredos do sucesso de um negócio, que infelizmente é pouco falado, é a capacidade de conhecer, entender e evoluir continuamente seus PROCESSOS, principalmente processos críticos de um negócio, em uma organização.

3.21. Melhoria contínua

A melhoria contínua é uma das maiores oportunidades a serem exploradas para evolução da maturidade de seus processos de projetos, programas e portfólio. Uma das abordagens que gosto de utilizar é aproveitar o momento de "virada" de uma carteira de projetos, ou seja, vamos considerar que o final do ano, com o orçamento aprovado e a lista definida de projetos para o próximo ciclo de execução, será o momento de aplicar a melhoria nos processos.

Vamos considerar os seguintes tipos de projetos em carteira:

- Projetos concluídos.
- Projetos a serem iniciados.
- Projetos em andamento.
- Projetos cancelados.

A partir da atualização e revisão da lista será possível analisar o que deu certo e o que pode ser melhorado. Por exemplo, em um dos PMOs onde trabalhei tivemos muitos problemas na definição do escopo dos projetos durante o primeiro ano. No ano seguinte, colocamos um item no documento chamado escopo do produto. Neste campo era descrito o produto a ser entregue, e essa informação era usada para geração de evidências que dariam o projeto como concluído ou não. Por mais óbvio que pareça, essa informação não era tratada no primeiro ano do PMO, o que gerava muitos transtornos no fechamento de resultados junto à diretoria.

Ao longo de um período determinado por você, veja as oportunidades de melhoria e use a mudança de ano para fazer coisas novas, aproveitando o que deu certo e trazendo eficiência para seus processos. Um ponto importante: em qualquer nova implementação, é preciso que as pessoas envolvidas, incluindo os executivos, tenham conhecimento da novidade e de sua proposta de melhoria.

Trata-se de uma ação com engajamento efetivo das partes interessadas.

3.22. Metodologia de gestão de projetos

Uma das perguntas mais comuns em uma conversa entre duas pessoas de organizações diferentes é:

"O que você usa lá para gerenciar projetos?"

Embora sempre exista uma esperança de que a resposta seja a solução para todos os problemas dos profissionais de gerenciamento de projetos, infelizmente é muito difícil saber qual é a melhor resposta. Cada metodologia para gestão de projetos, programas ou portfólio deve ser ADAPTADA levando em conta uma série de fatores organizacionais.

A elaboração de um método requer experiência e conhecimento na aplicação das práticas em questão, pois o(s) profissional(ais) envolvido(s) precisa(m) analisar o que melhor se aplica naquele momento considerando a realidade, a necessidade e os desejos da organização (alta administração).

Imagine uma pessoa que não tenha experiência e resolva, por exemplo, criar uma metodologia com todos os processos do *PMBOK® Guide*! Não vai funcionar!

A capacidade de analisar um cenário, seja através de mapeamento ou mesmo um diagnóstico da organização sobre o assunto "projetos", e estruturar um modelo adequado torna-se um diferencial para o sucesso da aculturação e maturidade (ao longo do tempo) da organização.

Existem alguns métodos estruturados utilizados no mercado, como o PRINCE2®, ou mesmo abordagens ágeis como o *Scrum*. Isso pode ser um caminho de referência. Ou a organização pode elaborar seus métodos customizando-os a partir de uma série de práticas usadas do mercado, elaborando uma metodologia híbrida, ou seja, tendo como referência "pedaços" de métodos conhecidos ou de guias de melhores práticas.

O importante é compreender o que é melhor naquele momento. Isso deverá aumentar as chances de sucesso dos projetos, programas e portfólio na organização.

Em termos práticos, precisamos analisar:

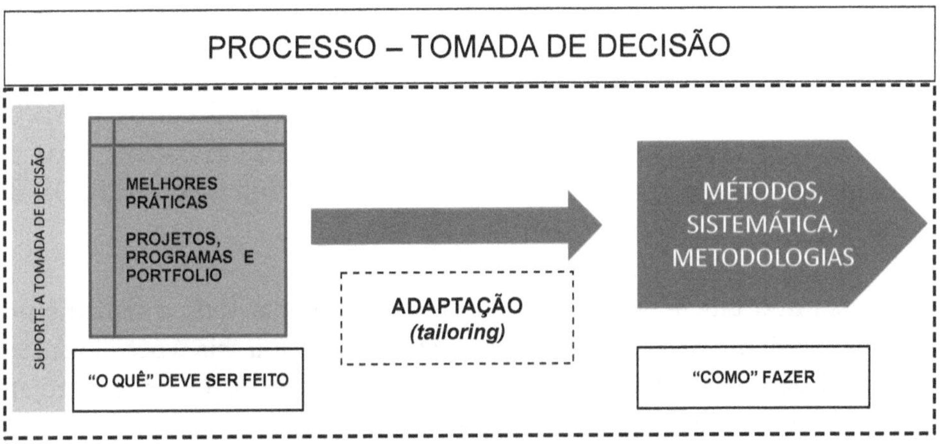

Figura 17. Relação entre melhores práticas, metodologias e o processo de tomada de decisão organizacional.

Precisamos entender que os conceitos de "melhores práticas" e "metodologia" não devem ser misturados ou confundidos. Em um dos primeiros escritórios de projetos em que trabalhei, há alguns anos, existia uma metodologia que usava todos os processos do *PMBOK® Guide* da época e os resultados não eram os melhores. Foi necessário rever todo o modelo e reescrevê-lo do "zero" e adaptá-lo, ou seja, um esforço de tempo e custo não planejado porque as coisas não foram feitas como deveriam.

É importante também deixar claro que uma metodologia não se limita a *templates* maravilhosos com recursos multifuncionais. Existe algo muito maior por trás de uma metodologia, como, por exemplo:

- Processos críticos de gerenciamento de projetos (como abertura de um novo projeto, aprovação de mudança, medições, encerramento etc.).
- Mapeamento de todos os projetos que deverão usar a metodologia.
- Capacitação do modelo para todos os níveis da organização.
- Modelos de relatórios.

Com isso, podemos entender o que uma metodologia deve significar para a organização. Trata-se de processos que deverão ser seguidos e executados por pessoas que irão apoiar a tomada de decisão da organização.

3.23. Estrutura Analítica do Projeto (EAP)

A Estrutura Analítica do Projeto (EAP) ou *Work Breakdown Structure* (WBS) é considerada o "coração" do projeto. Além de ser utilizada como ferramenta de comunicação, a partir dela serão feitas as estimativas iniciais de TEMPO, CUSTO e a estruturação dos planos auxiliares de todas as demais áreas de conhecimento (como, por exemplo, a identificação inicial de RISCOS do projeto).

Observe a importância de a EAP estar bem estruturada. Todo o trabalho necessário, e somente o necessário, deverá estar na EAP, ou seja, você deverá ser capaz de visualizar as ETAPAS e os PACOTES DE TRABALHO que o projeto irá entregar. Caso esteja faltando alguma entrega, preocupe-se, pois algo está errado.

Por mais simples ou complexo/limitado que seja, sempre que recebemos um projeto temos uma visão (uma fotografia) em nossa mente do "todo", ou seja, do que o projeto irá produzir.

Por exemplo, temos um projeto de desenvolvimento de um sistema ou construção de um prédio.

Primeiro imaginamos um sistema funcionando ou um prédio em pé, pronto para ser habitado. Porém, para a construção do SISTEMA ou do PRÉDIO, existem etapas e entregas intermediárias que juntas irão compor o escopo de todo o trabalho do projeto. Agora sim podemos pensar na EAP.

Através da técnica de decomposição, o gerente de projetos e a equipe irão estruturar a EAP usando o conceito de FASES, SUBFASES e/ou PACOTES DE TRABALHO e sempre respeitando um limite, afinal não faz sentindo você decompor em excesso e chegar a um nível muito baixo (de atividade de cronograma, por exemplo), pois com isso você irá "engessar" seu planejamento e acompanhamento do projeto.

Vamos a outro exemplo prático: um projeto de desenvolvimento de um sistema de informação. Você não precisa ser da área de TI para compreender a aplicação da técnica.

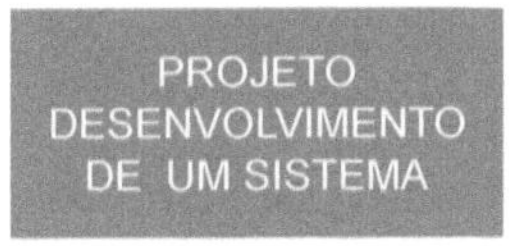

Figura 18. Exemplo de projeto.

Sabemos que o sistema deverá apresentar três módulos, a saber: cadastro, financeiro e recursos humanos.

Classicamente, um projeto de desenvolvimento de sistemas possui quatro etapas essenciais (não pretendo dizer qual o modelo mais eficaz para um projeto de desenvolvimento de sistema; neste caso e exemplo, não faz diferença):

- **Especificação** – Fase onde os requisitos do sistema são levantados junto ao cliente.
- **Construção** – Fase onde são desenvolvidos os códigos/programas de acordo com os requisitos (e funcionalidades) levantados na fase anterior.
- **Homologação** – Fase de validação das funcionalidades e dos módulos do sistema.
- **Implantação** – Implantação dos módulos e/ou do sistema.

Bom, podemos utilizar o método que Ricardo Vargas sugere:

- Para **entregas**, utilizar o substantivo (tudo maiúsculo), por exemplo: HARDWARE.
- Para **pacotes de trabalho**, utilizar também substantivos (primeira letra em maiúsculo). Exemplo: Servidor de aplicação.
- Para **atividades** do cronograma (neste caso, a EAP já deve estar estruturada), utilizar verbos no infinitivo. Exemplo: configurar o servidor de aplicação.
- Para **marcos** (*milestones*), utilizar verbo no particípio passado. Exemplo: servidor de banco de dados configurado.

Uma boa prática é desenvolver a EAP até o nível de pacote de trabalho e em seguida passar para as atividades de cronograma. Você poderá utilizar softwares específicos para os dois momentos (estruturação da EAP e elaboração do cronograma de atividades).

Voltando à EAP, veja nossos dados até o momento:

- Projeto de desenvolvimento de sistema.
- Três módulos: cadastro/recursos humanos/financeiro.
- Fases sugeridas: especificação, construção, homologação e implantação.

Costumo dizer nas palestras e aulas que ministro que o planejamento de uma EAP é como "montar um quebra-cabeça", sendo que no final a imagem formada será a visão de TODO o projeto.

Podemos estruturar esta EAP de várias formas (isso varia de acordo com o estilo, o modelo, a organização de cada profissional ou a empresa). Vamos avaliar uma proposta simples.

Se temos três módulos, podemos pensar que, se estiverem separados, o gerenciamento será mais eficaz. Sendo assim, teremos:

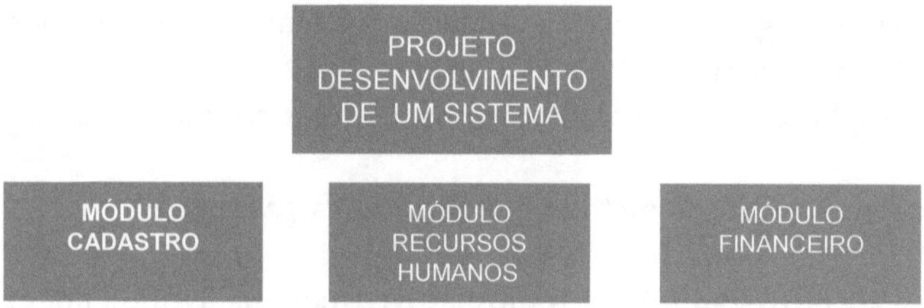

Figura 19. Exemplo de projeto (decomposição) 1.

Neste primeiro exercício observamos de fato as entregas do projeto, mas não podemos nos esquecer das FASES propostas pela característica do projeto (especificação, construção, homologação e implantação).

Assim, em uma próxima etapa da DECOMPOSIÇÃO teremos:

Figura 20. Exemplo de projeto (decomposição) 2.

Considerando que este sistema deverá entrar em produção somente quando os três módulos estiverem homologados, podemos estruturar a EAP de outra forma.

Figura 21. Exemplo 02 de projeto (decomposição).

Faz mais sentido para você?

Observe como é importante o envolvimento de membros de equipe preparados e com conhecimento técnico e de gerenciamento de projetos para estruturar, através dessa poderosa ferramenta, uma etapa fundamental para o planejamento do projeto.

Para efeito de planejamento, seria uma forma eficaz de estimar recursos, tempo, custo e identificar riscos para cada pacote de trabalho.

Para efeito de execução, seria uma forma eficaz de construir as entregas do projeto de maneira estruturada e alinhada aos objetivos do projeto, que deverão estar ligados aos objetivos estratégicos da organização.

Para efeito de monitoramento e controle, seria uma forma eficaz de identificar variações (e possíveis riscos) em qualquer FASE ou PACOTE DE TRABALHO durante a medição, produzindo ações corretivas e preventivas e/ou solicitando mudança quando identificada a necessidade e avaliado o impacto (sempre visando alinhar o projeto ao plano definido).

Para efeito de encerramento, seria uma forma eficaz de concluir e validar um PACOTE DE TRABALHO, uma FASE, uma ENTREGA ou um PROJETO de acordo com os critérios de aceitação definidos com o cliente.

Observação: alguns profissionais utilizam uma entrega específica para o gerenciamento de projetos em uma EAP. O ponto de atenção é no controle das atividades. Cuidado para não "misturar" atividades do projeto (construção das entregas) com atividades de gerenciamento de projetos (exemplo: elaborar planos, realizar reuniões, dentre outros).

Uma sugestão seria, por exemplo, criar duas EAPs, tendo a primeira foco no projeto (produto) e a outra no gerenciamento de projetos.

3.24. Lições aprendidas

As práticas do *PMBOK® Guide* sugerem que uma organização deve possuir uma base de conhecimento de gerenciamento de projetos, usualmente mantida pelo escritório de projetos.

O objetivo é apoiar novos projetos com informações estratégicas arquivadas, visando um melhor desempenho através de consulta a essas informações de projetos anteriores e/ou similares.

É responsabilidade do gerente de projetos, junto com sua equipe, elaborar e alimentar esse repositório de conhecimento.

De quanto mais projetos você participar, maior será sua habilidade na aplicação das técnicas (princípio da curva de aprendizado). Entenda que sua experiência vai proporcionar um amadurecimento profissional – "quanto mais o tempo passa, mais maduros nos tornamos". Mesmo que o projeto seja pequeno ou não seja concluído com sucesso, o conhecimento deverá ser incrementado.

Durante a execução de um projeto ocorrerão desafios e situações de conflitos entre membros da equipe do projeto, clientes, coordenadores e mais algumas partes interessadas. A sua experiência será um diferencial para apoiar a resolução dessas questões, sempre defendendo os interesses do projeto.

Procure saber como um membro de equipe de projetos qualificado documenta os projetos de que você participou e/ou participa, as técnicas utilizadas, o que você construiu (entregas) etc., mesmo que sua organização não exija isso. Você vai observar as diferenças conforme os projetos e o tempo forem passando.

Se sua empresa ainda não possui uma maturidade mínima em gerenciamento de projetos, comece aplicando algumas práticas em seu dia a dia. Com certeza isso irá proporcionar grandes ganhos e novas oportunidades. Esse é o diferencial profissional!

Até hoje, quando vejo o primeiro projeto que gerenciei, analiso como poderia ter sido melhor.

Essa avaliação é muito importante para seu desenvolvimento profissional. O item 3.16.1 (sobre taxonomia) do tópico de GESTÃO DO CONHECIMENTO pode ajudar a aplicar o conceito de lições aprendidas de maneira sistematizada.

Para a implementação estratégica e a revisão/atualização e formatação de novos ciclos estratégicos de uma empresa, esta prática é extremamente poderosa.

3.25. Conclusões sobre o capítulo

Neste capítulo observamos a importância do conhecimento e da combinação de práticas, ferramentas e técnicas específicas para a estratégia através de projetos e agilidade. Usá-las de forma simplificada, otimizada e integrada leva a resultados imediatos por conta do envolvimento das principais partes interessadas através do alinhamento estratégico entre todos os níveis.

Se tempo e dinheiro são recursos escassos, é preciso usá-los de forma estratégica, com foco em melhores resultados.

As mudanças ocorridas no mercado global nos últimos anos representam um aviso para as organizações: é preciso repensar a forma de fazer negócios e o modelo de gestão aplicado.

Boa sorte no uso dessas ferramentas e técnicas para a gestão estratégica!

Capítulo 4.
Inicie sua Jornada

A estratégia não é uma guerra organizacional interna, e sim um trabalho integrado de desenvolvimento com foco em resultados de negócio.

Carlos Augusto Freitas

4.1. Cultura e mentalidade

Neste último capítulo, gostaria de reforçar alguns pontos sobre a cultura de uma organização.

Em empresas de grande porte, é preciso "furar" a barreira psicológica que existe quando cada área da organização parece ser uma empresa diferente. As áreas não devem competir entre si, não existe o melhor ou pior, existe uma empresa que precisa que todos façam minimamente bem suas tarefas para seguir em frente.

Não faça de sua estratégia uma competição. A competição tem de existir da porta para fora, com os concorrentes de mercado, e não da "porta para dentro", entre departamentos.

É preciso compreender que a decisão se faz necessária. É preciso decidir, assumir riscos e investir tempo e dinheiro. Não existe estratégia sem investimento.

Não pense que estratégia é coisa de empresa grande, muito pelo contrário: se todo jovem (não necessariamente de idade) empreendedor compreendesse isso, teríamos empresas mais saudáveis e com chance de crescimento. Atualmente, no Brasil, temos um alto número de empresas que quebram e/ou decretam falência simplesmente porque não praticam a gestão estratégica. A preocupação com a geração de dinheiro e com as operações é tanta que não existe tempo para a gestão.

Seja obcecado e paranoico com a conformidade de seus processos, com a clareza de sua estratégia e principalmente com o cliente, pois é aqui que está sua razão de existência.

Alguns anos atrás, em um projeto de gestão estratégia de 12 meses que conduzi em uma grande organização, após seis meses de trabalho e depois de finalizar o desenho da estratégia com visão de cinco anos para frente, houve muitos comentários de que deveríamos comemorar e celebrar; afinal, a organização buscava há algum tempo construir a estratégia com um modelo mais moderno. Apesar de todas as dificuldades e limitações, conseguimos.

Porém, fiz um desafio aos gestores: "deixem para comemorar quando entregarem os resultados previstos pelo desenho na implementação estratégica". Não importa ter o plano. O plano (ou o nome que a organização gostar de usar ao se referir ao desenho da estratégia) é apenas um jeito de organizar as informações que representam o caminho a seguir. É o PONTO DE PARTIDA, ou seja, deverá ser atualizado, revisado e versionado dezenas de vezes. As atualizações são vitais para qualquer estratégia. Quanto maior for o número de atualizações ao longo de um ciclo de execução (1 ano, por exemplo), mais efetiva será sua capacidade de ajustar e implementar.

Ainda neste exemplo, a CEO da organização reforçou em um outro encontro com os gestores: "nós temos a estratégia, agora temos que entregar". Simples assim!

A nossa jornada inicia aqui. Mesmo sendo suspeito para falar, é o momento em que as coisas acontecem, as ideias se tornam realidade e a transformação ocorre. Não existe na gestão nada mais gratificante do que fazer parte disso e mover a organização para outros patamares de conhecimento. Para mim, é um privilégio ter feito parte disso em diversas empresas.

Desejo muito sucesso a você e conto com a avalição da sua experiência ao ler este livro.

Carlos Augusto Freitas

Considerações Finais

Para a gestão de uma organização, é necessária uma combinação de melhores práticas, ferramentas e técnicas que sejam flexíveis e que possam se "reinventar" a cada momento, trazendo agilidade organizacional e preparando a empresa para atuar no mercado com vantagem competitiva.

Nessa compilação, podemos considerar as práticas:

- **Éticas** – Que consideram os interesses da organização em primeiro lugar.
- **Legais** – Que devem ser seguidas para atender às leis locais.
- **Estratégicas** – Que apoiam a definição e o desdobramento estratégico organizacional.
- **Técnicas** – Que apoiam atividades técnicas.
- **Operacionais** – Que apoiam atividades operacionais.

Essas práticas serão apoiadas por ferramentas. Por exemplo, hoje em dia gerenciar um cronograma de um projeto deve ser feito com apoio de alguma ferramenta. Imagine gerenciar um cronograma de mais de duas mil atividades com papel e caneta.

Sua organização pode possuir as melhores práticas, ferramentas e processos, porém tudo isso será executado por pessoas.

Pessoas! (Lembre-se disso)

PESSOAS precisam de:

- ➢ Conhecimento (conhecer).
- ➢ Experiência (saber aplicar).
- ➢ Competências e habilidades comportamentais.

Tão importante quanto a capacidade de analisar o cenário e construir uma solução adequada é integrar partes interessadas envolvidas e gerar valor para a organização.

Essa integração irá apoiar a gestão das informações estratégicas, que por sua vez apoirão a tomada de decisão organizacional de acordo com as expectativas da alta administração. Isso gera confiança e valor para a aplicação de projetos, programas e portfólio em uma empresa.

Agora que estamos no final do livro, podemos analisar a figura a seguir (um modelo integrado de gestão estratégica por meio de projetos, programas e portfólio) com uma visão diferenciada. Observe o fluxo de informações nascendo da determinação da estratégia pelos *key stakeholders*, com base na visão, na missão, nos valores organizacionais, nos objetivos e nas metas estratégicas. Observe os projetos, programas e portfólio com suporte da governança, gerenciando benefícios e resultados, incrementando as operações através de melhores resultados para o negócio e sendo avaliados em sua área de origem pela alta administração.

Com isso fechamos o fluxo e a visão.

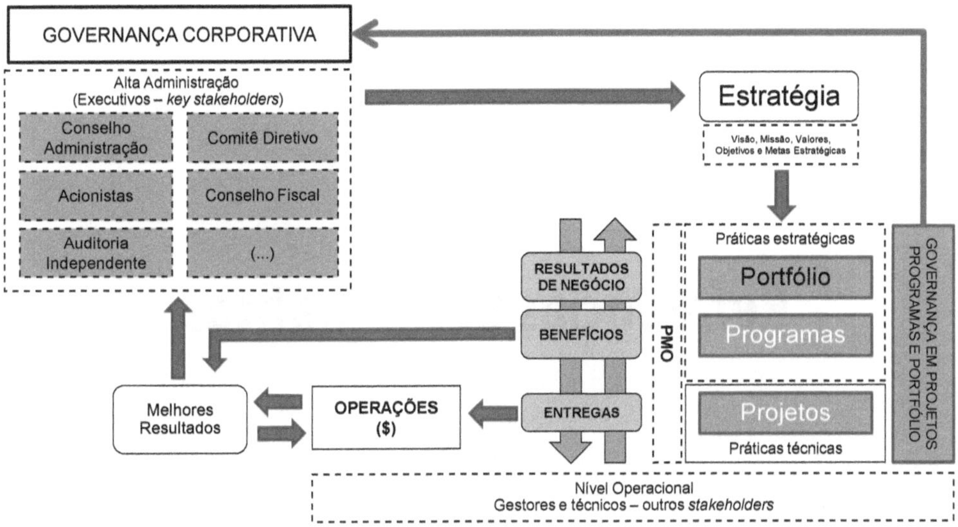

Figura 22. Modelo de gestão estratégica por meio de projetos, programas e portfólio (CAF®).

Esta visão pode ajudá-lo a melhorar o dia a dia de sua organização, talvez identificando o que (atualmente) é feito, o que pode melhorar e o que deverá ser criado como solução para a gestão estratégica da sua empresa.

Desejo muito sucesso a você e a sua organização! Até a próxima.

Carlos Augusto Freitas

Referências Bibliográficas

BECK, K. et al. **Manifesto para o Desenvolvimento Ágil de Software.** 2001. Disponível em: <https://agilemanifesto.org/iso/ptbr/manifesto.html>. Acesso em: 08 mar. 2024.

FREITAS, C. A. **Certificação CAPM®:** para membros de equipes e novos gerentes de projetos. 2.ed. Rio de Janeiro: Brasport, 2014.

HILL, G. **The Complete Project Management Office Handbook** (ESI International Project Management Series). 3rd.ed. Boca Raton, FL: Auerbach Publications, 2013.

INSTITUTO BRASILEIRO DE GOVERNANÇA CORPORATIVA. **Governança Corporativa e Criação de Valor.** IBGC, 2014.

INSTITUTO BRASILEIRO DE GOVERNANÇA CORPORATIVA. **Governança corporativa em empresas de controle familiar:** casos de destaque no Brasil. IBGC, 2008.

KAPLAN, R. S.; NORTON, D. P. **A Execução Premium:** a obtenção de vantagem competitiva através do vínculo da estratégia com as operações do negócio. Rio de Janeiro: Elsevier, 2008.

MCGRATH, R. **Seeing around corners:** how to spot inflection points in business before they happen. Boston, MA: Houghton Mifflin Harcourt, 2019.

MILES, R.; SNOW, C. **Organizational strategy, structure and process.** New York, NY: McGraw-Hill, 1978.

OFFICE GOVERNMENT COMMERCE (OGC). **Management of Portfolios.** London: The Stationery Office, 2011.

OFFICE GOVERNMENT COMMERCE (OGC). **Managing Successful Programmes.** London: The Stationery Office, 2011.

OFFICE GOVERNMENT COMMERCE (OGC). **Managing Successful Projects with PRINCE2.** 5th.ed. London: The Stationery Office, 2009.

OFFICE GOVERNMENT COMMERCE (OGC). **Tailoring PRINCE2.** 3rd. ed. London: The Stationery Office, 2006.

OSTERWALDER, A.; PIGNEUR, Y.; SMITH, A. **Business Model Generation:** a handbook for visionaries, game changers, and challengers. Hoboken, NJ: Wiley, 2010.

PORTER, M. E. Strategy and the Internet. **Harvard Business Review**, March 2001.

PORTER, M. E. What is Strategy. **Harvard Business Review**, Nov./Dec. 1996.

PROJECT MANAGEMENT INSTITUTE. **A Practice Guide:** governance of portfolios, programs and projects. Newtown Square, PA: PMI, 2016.

PROJECT MANAGEMENT INSTITUTE. **Guia PMBOK®:** um guia do conhecimento em gerenciamento de projetos. 7.ed. Newtown Square, PA: PMI, 2021.

PROJECT MANAGEMENT INSTITUTE. **Project Manager Competence Development Framework.** Newtown Square, PA: PMI, 2002.

PROJECT MANAGEMENT INSTITUTE. **The Standard for Portfolio Management.** Newtown Square, PA: PMI, 2006.

PROJECT MANAGEMENT INSTITUTE. **The Standard for Program Management.** Newtown Square, PA: PMI, 2006.

VARELLA, L.; ANICETO, C.; MOURA, G. **Aprimorando Competências de Gerente de Projetos:** o sucesso no desempenho gerencial. Vol. 1. Rio de Janeiro: Brasport, 2010.

VARGAS, Ricardo. **Manual Prático do Plano de Projeto.** 5.ed. Rio de Janeiro: Brasport, 2014.

5.1. Referências eletrônicas

PMI® – Project Management Institute: www.pmi.org

PMI® – Project Management Institute (Brasil): https://www.pmi.org/brasil

Brightline Initiative ® – Project Management Institute – https://www.brightline.org/

Carlos Augusto Freitas: www.carlosaugustofreitas.com.br

Ricardo Vargas: www.ricardo-vargas.com